追跡 間宮林蔵探検ルート

サハリン・アムール・択捉島へ

相原秀起
Aihara Hideki

北海道大学出版会

大陸の山並み，北にはサハリン湾が広がる（藤井泰生撮影）

間宮林蔵のカラフト探検の最北地点ナニオーの図（『北蝦夷図説』）

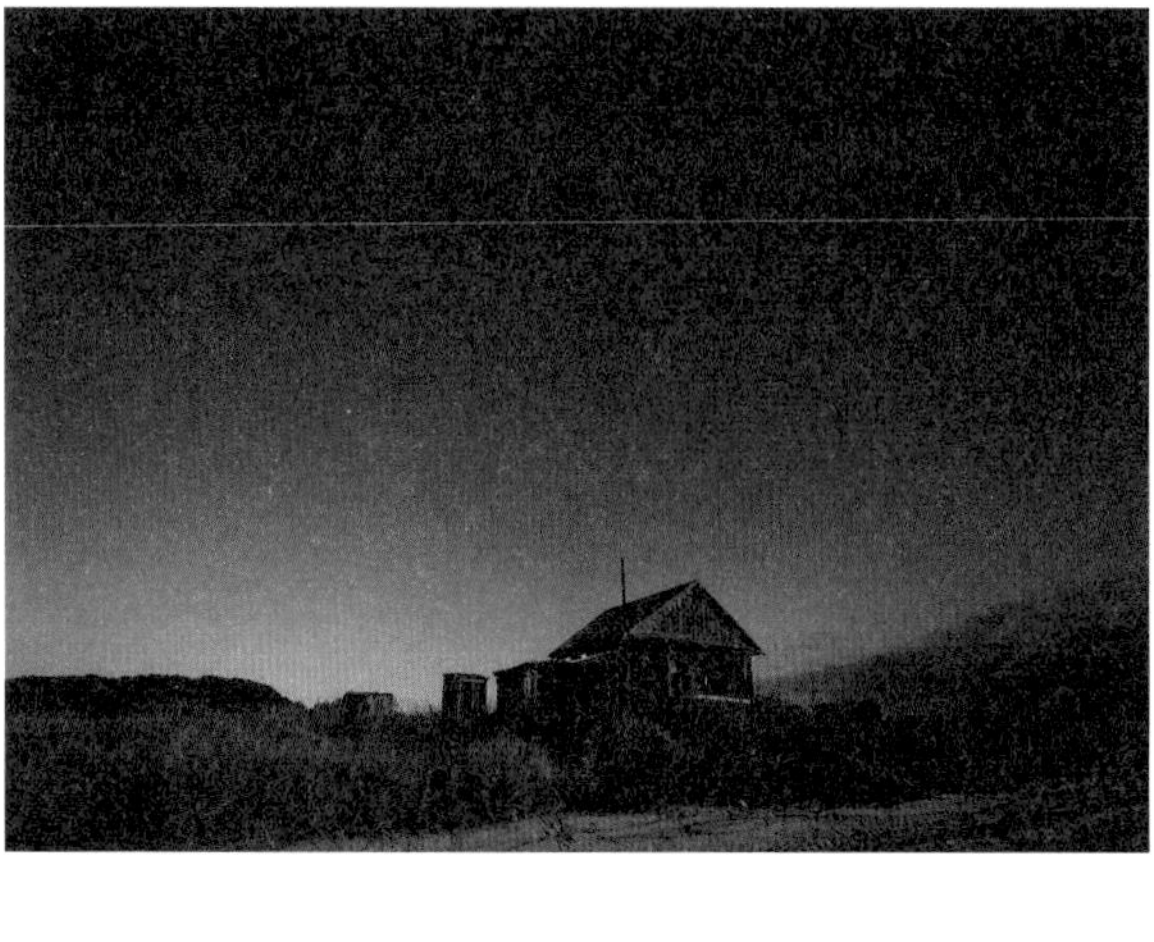

満天の星が輝く晩秋のルプロワ村（藤井泰生撮影）

ルプロワ村の砂丘から見た夕暮れの間宮海峡。海峡対岸には

満州仮府での朝貢の場面。
中国の役人に先住民が毛皮を
捧げている(『東韃地方紀行』)

クラスヌィヤール村のウデ
への少女(石川崇子撮影)

黄金色のカラマツ林の中を
進むカマズ(藤井泰生撮影)

三十歳前後の若さだった。後に「間宮海峡」と呼ばれる大陸とサハリンを隔てた海峡を踏査し、正確な地図を作った地理学的な功績は、林蔵の生涯でも特筆すべきものであり、いまも輝きを失っていない。私は北海道各地で講演する機会を得たが、「現地に暮らす先住民族はすでに海峡の存在を知っていたので、新聞紙上での『間宮海峡の発見』との表現はいかがか」との指摘が何度か寄せられた。「コロンブスの新大陸発見」に対する違和感と同じ趣旨であろう。ここでいう「間宮海峡の発見」とは、大陸とカラフトの位置関係を正確に地図化するという地理学的な業績のことであることを最初に明記しておきたい。

林蔵は現在、新聞紙上などでは「探検家」と呼ばれているが、私自身は違和感を覚える。その業績を俯瞰すれば、当時蝦夷地と呼ばれた北海道での十年間におよぶ測量によって、北海道地図の作成に多大な貢献をした「測量家」とするのが妥当と思う。林蔵の師である伊能忠敬は、史上初の実測による全日本沿岸地図を作成したことで知られるが、北海道の大部分は林蔵の測量を基にしていることがわかっている。

しかし、林蔵のサハリンとアムール川調査はまさに探検と呼ぶにふさわしい。未知の地を歩き、地図などの記録を残す行為こそ古典的な探検であるからだ。林蔵のカラフトとアムール川の踏査、そして間宮海峡を実証した実績は、日本人が世界の探検史上に残した最大級のものと言えるだろう。

ここで林蔵の二年にわたるカラフトとアムール川探検のルートを紹介しておく（第一章扉裏の地図、3ページの間宮林蔵の行程参照）

林蔵は一八〇八年二月（文化五年一月下旬）、松前を出発し、カラフトへの渡り口であった宗谷に四月七日（三月十二日）に到着。五月八日、松田伝十郎とともに宗谷海峡を渡り、カラフト南端のシラヌシに入った。二人は手分けをして、林蔵は樺太アイヌの人々を道案内役に東へと向かい、伝十郎は日本海に沿って西海岸沿いに進んだ。仮にカラフトが島であるならば、いつか二人は出会うはずだった。

林蔵はアイヌの人々とともにアニワ湾沿いに進み、槍の穂先のようにオホーツク海に突き出た中知床岬を回らずに途中の湖沼地帯を抜けて、トナイチャ湖（富内湖）からオホーツク海に出て北上した。

北知床岬手前から東北沿岸に出たが荒波が打ち寄せ、アイヌの舟では進めなかった。林蔵は引き返し、カラフトが東西約三十キロと最も狭まる地点を西へ横断、日本海へと出て、伝十郎の後を追った。

伝十郎は七月十三日、林蔵より一足早く海峡の最狭部手前のラッカ岬まで行ったが、それ以上の北上を諦めて引き返す途中で林蔵と合流した。林蔵と伝十郎は、再びラッカ岬まで行ったが沿岸には海藻が厚く積もり足を取られてそれ以上の北進はやはり無理だった。二人は宗谷に帰着し、伝十郎は報告のため松前に戻り、林蔵はカラフトの再見分を命じられた。肝心のロシアの進出や、幕府が当時異国とみなしていた山丹《さんたん》・満州との境界の状況がわからず、地理的な調査も不十分であったことがその理由だった。

同年秋に再びカラフトに戻った林蔵は再度カラフト中部まで再び足を伸ばしたが、食料不足や北からやって来たニブフの乱暴な振る舞いにも遭い、本格的な冬が迫る中、トンナイに戻り冬を越した。

翌年の一八〇九年の第二回カラフト探検では、再びカラフト西海岸を北上し、ニブフの集落ノテトを経由して海峡が最も狭まる区間を通過し、最北端の村であったナニオー（現ルプロワ）に達し、海峡の存在を実証した。ノテトまで戻った後、アムール川にあった交易地デレンへと向かうニブフの朝貢・交易隊に加わり大陸に渡った。タバ湾からキジ湖を抜けてアムール川に出て、デレンにおいて中国・清朝の役人と面談し、詳細な記録を残した。帰路はアムール川を河口まで下り、海峡の西沿岸に沿って南下し、再び海峡を横切りカラフトへと戻った。

現地での実測を基に林蔵が作成した地図をじっくりと見てあらためて驚くことがある。衛星データを利用した現代の地図と見比べても遜色がないほどの正確さであり、簡易な測量器具と歩測や目視という限られた条件の中で作成したものとは思えないほどの出来栄えなのだ。同時にサハリンなどの先住民族の文化と暮らしの民族学的資料という面からも見ても林蔵の記録は不朽の価値をもつ。

北大探検部出身の私は、一九八五年に北海道新聞の記者になった後、林蔵が見た風景を自分の目で見たいと思っていた。そして、取材活動の中でロシア極東や北方領土を歩く機会を得た。深い森の中で野営し、最果ての岬を訪ね、泥に埋まった車を押し、ファルトボートで湖を漕ぎ渡った。林蔵が踏査してから約二百年が経過したが、多くの場所はロシア政府による極東開発からは取り残されて、その風景は林蔵が歩いた当時とそう変わらないであろうと思った。

林蔵が立った大地を歩き、満天の星の下で野営し、たき火を囲み、冷たい風に身震いしながら、茫漠とした北辺の風景に時を忘れるとき、私の心は満たされ、林蔵の息遣いを感じていた。同時にその孤独を思った。

筆者の取材ルート（68ページの地図、69ページの年表参照）にも触れる。サハリン駐在員となった一九九五年春に北サハリンのオハ、ネクラフスカを取材後、貨客ヘリに便乗し、間宮海峡最狭部のサハリン側の村ポキビ（ポコベー）と大陸側のラザレフへ。九五年初夏から秋にかけては宗谷岬対岸のクリリオン（シラヌシ）、オホーツク沿岸のトナイチャ（富内）湖、旧日露国境の北緯五〇度線とサハリン西海岸各地に足を伸ばした。一九九九年八月にはビザなし交流訪問団として北方領土・択捉島を一周し、林蔵ゆかりの紗那《しゃな》も取材した。二〇一三年から一四年にかけて、北サハリンのルプロワ、間宮海峡のタバ湾、アムール川下流域のブラバ、ノボイリノフカ（デレン）、ニコラエフスクナアムーレ、アムール川支流のビキン川のクラスヌィヤール村を訪ねた。

択捉島の取材を本書に含めている理由だが、林蔵は悲壮な覚悟でカラフト探検に臨んだ。その背景には、択捉島でロシア軍に屈辱的な敗北を喫した「フボストフ事件」（一八〇七年）があった。林蔵は武士としての汚名を晴らすため、命を懸けてカラフトに旅立ったのである。択捉島での苦い記憶と林蔵のカラフト探検はその底流でつながっている。

林蔵がたどった行程は、択捉島と国後島の沿岸測量区域（推定）で約五百キロ、サハリンのオホーツク海と日本海沿岸の計約四千キロ、アムール川下流域約八百キロにおよび、総延長は五千キロに達する。交通機関が発達した現代でも行くことさえ容易ではない場所も多い。まして北方領土・択捉島は政治的に微妙なエリアである。

本書は択捉島での取材を含めた一九九五年から二〇一四年まで足掛け約二十年の記録をまとめたものだが、林蔵の旅はそれだけ広範囲で、林蔵の道を追うにはそれだけ長い歳月を要したということだ。同時にこのルポルタージュは、単純に林蔵の行程を追うだけではなく、その足跡を縦糸に、現代という視点を横糸にして織った北方の地の記録である。

第一章「サハリン最果ての村――林蔵立った極北の地」では、間宮海峡の存在を林蔵が世界に先駆けて実証した、サハリン西海岸のルプロワ（当時ナニオー）を訪ねた。林蔵はこの地の砂丘に立って、北に広々とした海が開けているのを見て、カラフトが島であると確信した。私もその砂丘に立った。この最果ての村には、かつて一人の日本人が来たという伝承が残されていた。

第二章は「北方領土・択捉島――フボストフ事件、屈辱の敗北」。林蔵はカラフト探検の二年前の一八〇六年から、択捉島で沿岸測量と新道開拓に従事していた。もし、ここでロシア軍の襲撃に遭遇していなければ違った人生を送ったかもしれない。択捉島は林蔵にとって忘れられぬ屈辱の島であり、同時に転機の地でもあった。択捉島の東隣の得撫《うるっぷ》島には江戸時代後期、ロシア人の開拓地があった。なぜ、ロシア人ははるばる千島列島まで来たのか。その動機は世界最高級の毛皮を持つラッコという海の珍獣に深く関係する。日露の出会いをもたらしたラッコが多数生息し、原生の自然が息づく択捉島を巡った（32ページの択捉島地図参照）

第三章は「宗谷海峡を越えて——再起かけ、決意のカラフト行」（第四章扉裏の南カラフト地図参照）である。筆者は宗谷岬対岸のクリリオンをはじめ、アニワ湾、トナイチャ湖、旧日露国境線が引かれていた北緯五〇度線西端に位置する安別を取材した。間宮海峡をはさんで、サハリンと大陸が約七キロに狭まる地点にあるポキビからはスノーモービルで林蔵の探検の拠点となったニブフの集落ノテトの痕跡を探した。

第四章の「さらば最後の犬ぞり使い——林蔵が残した記録と現在」は、林蔵が詳細な記録を残した北方先住民の文化と暮らしがテーマである。林蔵が訪ねた当時、犬ぞりは人々の大切な足であった。人々は犬を大切に育て冬はそりを、夏は舟を引かせた。スノーモービル全盛の現在でも頑なに犬ぞりを守り、氷の雪原で生きた一人のロシア人の生涯と日本との交流を描く。

第五章「間宮海峡と大陸——上陸地点、残っていた坂道」では、林蔵のアムール川下流域の踏査の軌跡を現地にたどった。林蔵は、ニブフの朝貢・交易隊に加わり、海峡を舟で横断し、アムール川の交易地デレンを目指した。林蔵らの上陸地点である間宮海峡に面したタバ湾には林蔵の記録通りに峠につながる古い坂道が残っていた（126ページのタバ湾略図参照）。

江戸時代、中国からアムール川とカラフトの西沿岸を経由して、北海道の松前に至る長大な交易ルートがあった。この交易活動は「山丹交易」とも呼ばれた。タバ湾の坂道は、北東アジアを貫く

間宮林蔵の生涯年表

	年齢	事項	日本と北方での出来事
1780年(安永9)	1	常陸国筑波郡の農家に生まれる(現茨城県つくばみらい市)	
92年(寛政4)	13	筑波山で立身出世を祈願する	ロシア使節ラクスマンが根室に来航
95年	16	江戸に出る。村上島之允に師事	
97年	18		ブロートンがカラフト西海岸調査
98年	19		近藤重蔵，最上徳内らが択捉島調査
99年	20	村上の従者として蝦夷地に渡る	
1800年	21	箱館で伊能忠敬と出会い，師弟の約を結ぶ。普請役雇になる	
02年(享和2)	23	病気のためにいったんは辞職	幕府が蝦夷地奉行(箱館奉行)設置
03年	24	病気癒え復職，蝦夷地御用雇に	
04年(文化元)	25		ロシア使節レザノフ長崎来航
05年	26	天文地理御用掛として日高で勤務	クルーゼンシュテルンがカラフト沿岸を調査(06年も)するが，海峡を確認できず
06年	27	択捉島に渡り，沿岸実測と新道の開拓に従事	レザノフの指示でフボストフ隊がカラフトのクシュンコタンを襲撃
07年	28	**フボストフ隊が択捉島紗那を襲う** 日本の守備隊敗北し，林蔵は箱館に戻る。江戸で事情聴取されるが，とがめなく，蝦夷地勤務命じられる	全蝦夷地が幕府直轄地に フボストフ隊がカラフト，利尻を襲撃
08年	29	**第一次カラフト探検** カラフト調査命じられ，	幕府，仙台藩など東北4藩に命じて，蝦夷地の守

	年齢	事項	日本と北方での出来事
		2月松前を出発。5月松田伝十郎とともに宗谷を出発，白主に渡る。東海岸を進むが北知床岬手前で引き返して日本海側を北上。ラッカ岬に至る。いったん宗谷に戻るが，再見分を命じられ，カラフトに渡り，越冬する	備を強化
09年	30	**第二次カラフト探検，アムール川探査** 3月トンナイ出発。6月にナニオーに至り，間宮海峡の存在を実証。8月ノテトからアムール川のデレンへ向かう交易隊に同行し，海峡を横断し，タバ湾，タバ峠，キジ湖を経てデレンに到着し，中国の役人と面談。アムール川の河口まで下る。9月にノテトに戻り，11月に宗谷着	幕府，樺太島を「北蝦夷地」と称すると命ず
10年	31	松前に戻り，村上貞助とともに『東韃地方紀行』，『北蝦夷図説』，『北蝦夷島地図』をまとめる	
11年	32	江戸に戻り，幕府に『東韃地方紀行』など献上。伊能の指導を受ける	国後島でロシア海軍少佐ゴローニン捕えられ，松前で投獄される
12年	33	松前の獄舎にゴローニンを訪ねる	
13年	34	西蝦夷地海岸を測量	ゴローニン釈放
14年	35	蝦夷地の測量調査を実施	
21年（文政4）	42	蝦夷地内陸の測量を続行	伊能忠敬の『大日本沿海輿地全図』完成
28年	49	シーボルトから小包届く	シーボルト事件発覚
32年	53		シーボルトが著書『日本』で「間宮海峡」紹介
44年	65	江戸で没す	

事項の月は西暦。間宮林蔵の生年は1775年説もある。

この長大な「北のシルクロード」の遺構である可能性があった。

第六章「アムール川 幻の交易地――デレンと北方先住民」は、アムール川流域の旅である（第六章扉裏のアムール川流域地図参照）。林蔵の記録にもあるように、当時の北方交易の代表的な二大商品は、クロテンなどの毛皮と中国産の絹織物だった。日本ではこの北方渡来の絹織物を「蝦夷錦《えぞにしき》」と呼んで珍重し、中国人は毛皮を欲した。先住民族が多く暮らすブラバ村には、アイヌ民族の先祖を持つクイサリ一族が暮らしていた。一族は青い蝦夷錦を家宝とし、アイヌの末裔であることを誇りにしていた。デレンの有力な候補地であるノボイリノフカでは、先住民ナナイの老人からかつて交易地があったとの伝承を聞くことができた。

林蔵の旅はアイヌやニブフら北方の先住民に支えられ、彼らの支援なくしては成し遂げられなかった。私の取材もニブフやウイルタら現地に生きる人々に幾度も助けられた。また、私の傍らには、親友であるロシア人通訳兼助手のエフゲニー・シャバショフさん（愛称ジェーニャ）がいた。二十年以上も私たちは同じテントに泊まり、泥と埃まみれになりながら取材をして、同じ釜の飯を食べて、酒を飲んだ。

彼がいなければ、林蔵を追う旅はできなかったし、もっと味気ないものになったことだろう。その友情にあらためて感謝しながら林蔵を追う荒野の旅を始めたい。

二〇二〇年春　　相原 秀起

目次

第一章
サハリン最果ての村
林蔵立った極北の地

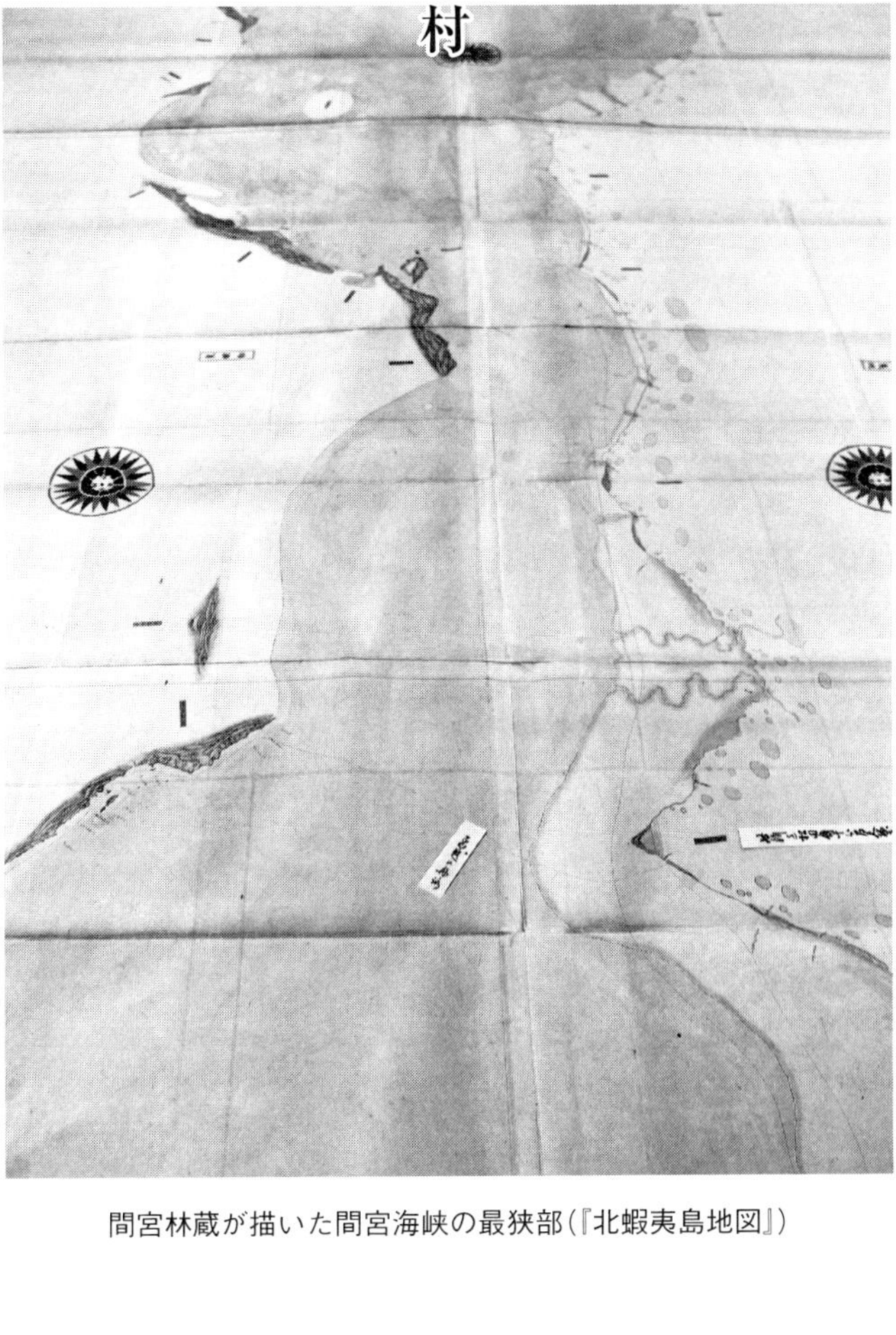

間宮林蔵が描いた間宮海峡の最狭部（『北蝦夷島地図』）

間宮林蔵の探検ルート

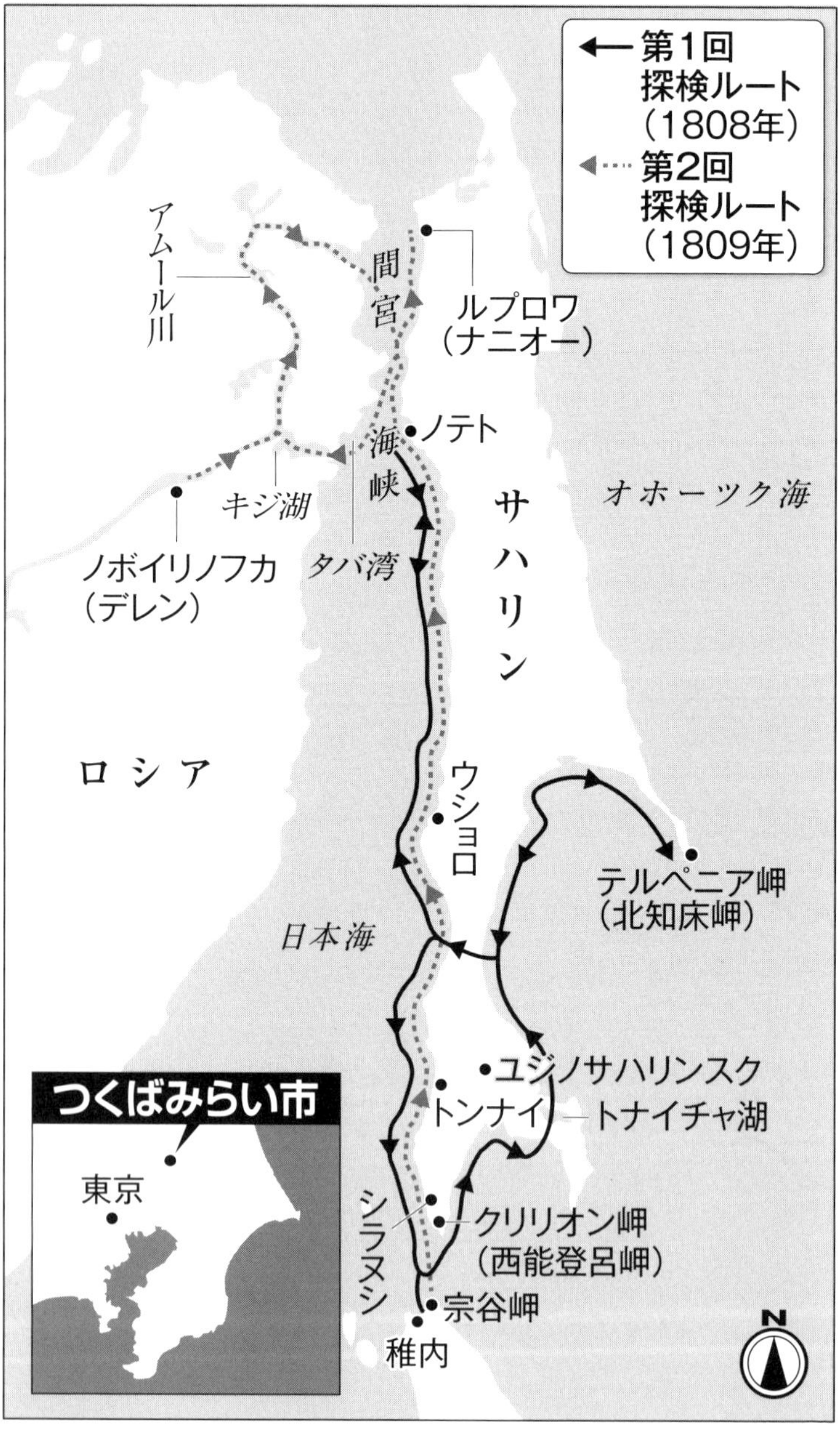

第1回
探検ルート
（1808年）
第2回
探検ルート
（1809年）
アムール川
間宮
海峡
ルプロワ
（ナニオー）
ノテト
キジ湖
タバ湾
ノボイリノフカ
（デレン）
サハリン
オホーツク海
ロシア
ウショロ
テルペニア岬
（北知床岬）
日本海
ユジノサハリンスク
トンナイ
トナイチャ湖
シラヌシ
クリリオン岬
（西能登呂岬）
宗谷岬
稚内
つくばみらい市
東京
N

一　憧憬のルプロワ

はるかなる林蔵の道を追い始めた時からずっと行きたい場所があった。それが樺太(サハリン)西海岸の間宮海峡に面したルプロワだった。南北約千キロにおよぶ細長いサハリンの西海岸で、この村より北にはリブノフスク村しかない。サハリンやアムール下流域の先住民族ニブフの人々が暮らすこの村こそが、林蔵が大陸とサハリンを隔てる海峡の存在を自らの目で確かめて、地図や絵などに残した歴史的な地であった。位置的には、ロシア極東の大河アムール川の河口から海峡をはさんで対岸にある。

間宮林蔵の行程

第1次カラフト探検(1808年)	
5月8日	宗谷発シラヌシ着
5月12日	シラヌシ発
5月17日	ポントー沼
5月18日	トナイチャ湖
6月14日	北知床岬近く
6月26日	日本海へ山越え
7月1日	ウショロ
7月13日	ノテト
7月15日	ラッカ岬
8月9日	シラヌシ
8月11日	宗谷着
9月3日	宗谷再出発
9月13日	トンナイ
10月22日	トッショカウ
1月11日	トンナイ着
	越冬
第2次カラフト探検(1809年)	
3月14日	トンナイ発
5月22日	ノテト着
6月20日	ノテト発
6月24日	ナニオー着
6月29日	ナニオー発
7月1日	ノテト着
アムール川探査	
8月7日	ノテト発
8月13日	ムシボー
8月15日	タバマチー
8月16日	キジ湖
8月17日	キチー
8月21日	デレン着
8月27日	デレン発
9月11日	ヒロケー
9月15日	ハカルバーハ
9月16日	ラッカ岬
9月17日	ノテト着
10月23日	シラヌシ
11月5日	宗谷着

月日は西洋暦

林蔵が訪ねた十九世紀初頭、この村は「ナニオー」と呼ばれていた。一八〇八年(文化五年)から〇九年に掛け二年にわたる林蔵のサハリン・アムール探検の中で、林蔵はこの地に立って、後に「間宮海峡」と呼ばれる海峡の存在を確信した。

ルプロワ村が、林蔵が記録したナニオーであるとわかったのは一九九〇年代のことで、そう昔ではない。帝政ロシア時代の古い地図に、村を流れる川が「ナニオー川」と書かれていたため、この地がナニオーであることが判明した。現在その川はロマノフカ川と呼ばれていた。村はロマノフカ村と呼ばれていた時代もあった。

ルプロワ村まではバスなどの交通機関がなく、想像以上の悪路であることは承知していた。二〇〇三年秋、絵本作家の関屋敏隆さんが絵本『まぼろしのデレン　間宮林蔵の北方探検』のために現地取材をした際、私の相棒のジェーニャが通訳兼アテンドとして同行していた。関屋さんは北サハリンの拠点オハからルプロワまで約二百キロ余を一日で往復した。シートベルトをしていないと座席から転げ落ちそうになるほどの悪路が続き、体の節々が悲鳴を上げたとその体験を語った。

舗装道路が完備されて誰もが行けるような場所では面白みはまったくない。私の心は、関屋さんの話を聞いて揺さぶられた。林蔵のカラフト探検のルートを追う旅をもう一度再開して、林蔵がたどり着いた最北地点に立ってみたい。自分の目で間宮海峡と大陸を見てみたい。いつかルプロワに行くと私は心に誓った。

その願いがようやくかなうことになったのは二〇一四年十月だった。北海道新聞の夕刊の連載企画「極東はるかなる旅人」で間宮林蔵を取り上げることになったのだ。その一回目はルプロワ村のルポルタージュと決めた。

　写真部の藤井泰生君と成田空港からハバロフスクへ向けて出発することになった。免税店で北海道産のウイスキー「竹鶴17年」をロシアの免税枠（一人三リットル）、つまり一人四本ずつ、計八本を買い込んだ。ロシアの取材では、竹鶴はときに現金よりも効果があった。世界的なウイスキーコンテストで「世界一」の栄冠に輝いた竹鶴17年をプレゼントされて感激しないロシア人はまずいない。竹鶴17年も同21年もNHKの朝ドラ「マッサン」の余波で国産ウイスキーブームが起きて、最近ではとんと手に入らなくなったが、当時は免税店で一本二千八百円という手頃な価格で買えた。成田空港で寿司も買い込み、ハバロフスクでの「決起集会」に備えた。

　ハバロフスク空港ではジェーニャと元北海道新聞のハバロフスク支局助手であり、ジェーニャの大学時代からの親友であるアレクサンドル・ステパノフさん（愛称サーシャ）が待っていてくれた。

　少し二人のことを紹介しておこう。北海道新聞社の助手だった二人は、最初に一九九〇年、サーシャがハバロフスク支局（現在は閉鎖）の助手となり、二年後にジェーニャがユジノサハリンスク支局の助手になった。二人はソ連時代も今もロシアの東大といえるモスクワ大学の日本語学科を卒業したという触れ込みだったが、運悪いことにモスクワ支局の助手は正真正銘のモスクワ大学日本語学科卒だった。

　こんな後輩はいないとすぐにわかり、問い詰められた二人は「実はモスクワ軍事大学卒です」と白状した。ソ連の防衛大学に当たる。本当のことを言ったら助手に雇ってくれないと思ったという。二人はソ連軍の元上級中尉で、ソ連の混乱によって給与が滞る軍に見切りをつけて退役したのだった。新聞社の助手は、ロシア語の記事を日本語訳するだけではない。時には満足なホテルもない場所に同行して、取材のサポートやボディガード役となることもある。この点で、モスクワ軍事大学卒という経歴は申し分ないわけだが、二人とも初心《うぶ》な青年だったのだ。

ジェーニャのサハリン駐屯時代の一番の思い出は、ソ連崩壊直前、モスクワで守旧派によるクーデターが起きてゴルバチョフが軟禁され、モスクワの動向に世界が注目したときだった。上官はジェーニャに対し、「朝から夜までＢＢＣ（英国放送）の海外向けニュースを聞いて、モスクワでどちらが勝ちそうか、知らせてくれ」と指示した。軍人もどちらに組みするかで命運が分かれかねない。ジェーニャはラジオに耳を傾けて、連日その内容を報告した。「日頃、仕事なんてないでしょ。軍でのサハリン駐屯時代の仕事はあれだけでしたね」とジャーニャは振り返った。守旧派のクーデターは失敗し、ソ連は崩壊、ジェーニャは軍を去る決断をした。同級生約五十人のうち、今も軍に残っているのはわずか一人という。

一九九五年にサハリンのユジノサハリンスク支局駐在になった私は、ジェーニャとともにサハリン各地を歩いた。私がサハリンに持ち込んだ山スキーやテント、組み立て式カヌーなどを見たジェーニャの目は輝き、以来、駐在した翌年三月まで一年にわたり、私たちはサハリン中を歩いた。赴任当初から林蔵の足取りを追う計画だった私にとって、最高の相棒ができたのだ。私がサハリンを離任した後も、ジェーニャとの親交はずっと続き、北方領土の取材にも同行してもらうなど、二十五年を迎えた。私はジェーニャを「ブラート（兄弟）」とロシア語で呼び、ジェーニャも私を「兄弟」と日本語で語り掛ける間柄だ。

「兄弟よ。待っていたよ」。ハバロフスク空港では満面の笑みを浮かべてジェーニャが出迎えてくれた。

「ブラート。今回もよろしく」

「大丈夫ですよ。もうオハへの飛行機の予約や車の手配もしてありますから」

「寿司と竹鶴でやろうぜ」

「そうしましょうよ。兄弟」

少しセーブしないとだめだと思いつつ、「明日の天気のために飲んで祈らないとだめですよ」というジェーニャとサーシャの声に促されるように乾杯が繰り返された。

オハでチャーターした車は、関屋さんも乗ったロシア製の大型六輪駆動車「カマズ」である。シベリアでこれ以上頼りになる車はない。値段もそれなりに高く一日一万ルーブル（当時のレートで約三万円）したが、仕方がない。ルプロワ村に暮らしていたニブフの女性も道案内役として確保したという。

「それは素晴らしい」。事情を聞くと、オハの市役所に電話したところ、かつてルプロワで暮らし、機会があったらルプロワの自宅を訪ねたいという女性がいると聞きだしたという。道案内役にもなり、村の話も聞ける。一石二鳥である。ジェーニャは相手方の心を開かせて味方にしてしまう天性の才があった。これまで何度ジェーニャの取材力や人間力、人脈に助けられたことだろうか。ロシアでも金では解決できないことがある。人間力が最後にものをいう。それがロシア取材の奥深さであり、魅力でもある。

翌日の十月一日、ハバロフスクから北サハリンの拠点オハへと飛んだ。サハリンのユジノサハリンスクとハバロフスク、オハはほぼ同じ距離にあり、双発プロペラ機のアントノフ24でそれぞれ二時間の飛行時間だ。

オハ空港に到着したのは午後九時すぎだった。前日夜にも雪が降ったという。タクシーでホテルに入った。現地でユジノサハリンスク駐在の栗田直樹記者が待っていた。このホテルは、一九九五年五月に起きたサハリン北部地震での取材基地だった。

この震災取材でもジェーニャと一緒だった。阪神淡路大震災から四カ月後の一九九五年五月二十八日未明に発生し、死者は二千人を超える大惨事だった。私とジェーニャは震災直後、震災地のネフチェゴルスクに入った。耐震設計していない高層アパート群が崩壊し、住民はがれきに押しつぶされた。村の住民は三千二百人だったから半数以上の住民が亡くなったことになる。村はずれには急造の墓地ができ、砂地を掘った溝に白木のひつぎが延々と並び、それにすがりつき、泣きじゃくる人々の様子を忘れることができない。現在、オハ市役所横には震災の記念碑が建つ。

翌日、ルプロワに向かう日がついに来た。空は快晴だった。早朝、オハ市役所前の広場横には「カマズ」が到着していた。オレンジ色の巨大な車は、悪路が多いシベリアで活躍し、パリ・ダカールラリーにも登場する。これまで乗る機会がなかったが、一度は乗ってみたかった。ロシア国内では、ぬかるんだ泥道をカマズがばく進するテレビCMがあるそうだ。キャッチコピーは「戦車は泥を怖がらない。カマズ」。つまり、悪路の突破力は戦車並みという意味だ。直径一・二メートルのぶっといタイヤを見て納得した。これならば小川や多少の泥沼などはものともしないだろう。エンジンは一万一千cc。

三人が横に並んで座れる運転席と、乗客用の後部スペースのボックスは完全に分かれており、インターホンで連絡を取る。停車して写真撮影をしたいときなどは、インターホンのボタンを押しながら運転手に「止まってください」と伝えるのだ。座席は二人掛けシートが左右六列ずつ並び、対面する形でもう一つシートがあるので計二十七人が乗れる。

事前に燃料タンクを満タンにするように指示していた。オハからルプロワまでの間にはガソリンスタンドはない。燃料がなくなれば終わりなのだ。

出発前に運転手のイーゴリさんと打ち合わせをした際に、「ところで何リットル給油したのか」と尋ねた。すると、イーゴリさんは「燃料タンクには軽油五百リットルを入れ、予備の補助タンクにも百リットルを用意した」という。五百リットルと言えば、北海道の家庭用の大型灯油タンク一つ分だ。ついでに「この車の燃費はどのくらい」と質問すると、イーゴリさんはその意味をすぐには理解できず、何度か聞き返した。ようやく納得したイーゴリさんは「四輪だけを動かした場合は百キロ走るのに四十五リットル、六輪すべてを駆動させると百キロで五十二リットル必要です」と説明してくれた。つまり燃費は二キロ前後という計算だ。やはり燃費は悪い。もともと燃費などはまったく考慮してないのだろう。

「カマズは信頼できますよ。それがロシアでは一番」とイーゴリさんは断言した。燃費は悪いが悪路にはめっぽう強い、まるでロシアの屈強な男たちのような車だ。オハからルプロワまでは片道約二百五十キロあり、順調にいっても六時間ほどの行程とのことだった。

村までのガイド役は元ルプロワ村民で現在はオハに暮らすマリア・ウクリナさんと友人の二人。マリアさんの夫がルプロワ出身で九〇年代から十年ほど暮らし、村の自宅に帰るのは七年ぶりという。マリアさんは父親がニブフ、母親がウイルタだった。驚いたことに姉のビビコワさんが二〇一三年秋に札幌に来ており、北大で取材していた（115ページ参照）。世間は狭いものだ。

カマズは私ども四人とマリアさんら二人を乗せてオハを出発し、舗装道路を南下した。オハを出て六十キロほどは舗装されていたが、それより先はクリーム色の砂地の未舗装の道となる。途中から西へと延びる支線に入った。時折、吹雪が舞う。初雪は三日前だったという。周囲に広がるカラマツ林は黄金色に輝き、晩秋の抜けるような青空に一層鮮やかに映えた。

道は穴ぼこだらけで、木造の橋が崩れ落ちた場所もあった。カマズは構わずに川の中を突破していく。普通の四輪駆動車では渡り切れないだろう。

橋が落ちた場所でも強引に川を渡る取材車のカマズ

心細い丸太で支えられた木造の橋を渡る際は思わず天に祈った。腰のシートベルトをしっかりとしないと身が投げ出されるようなひどい道が続く。海岸線が近くなると、カラマツが減り、グイマツが目立つようになった。その枝は北西からの季節風の影響で南の方向にだけ伸びている。

午後四時すぎ、体の節々が悲鳴を上げてきた頃、ようやくルプロワ村に到着し、川に架かる木造の橋を渡り、村へと入った。オハからの所要時間は八時間だった。途中で道を間違えなければ六時間で到着するだろう。

橋を渡る直前、一人の五十代の男性が運転席のマリアさんを見つけ車を止めさせ、「久しぶりだな。元気だったか」と声を掛けてきた。男性はワレリー・コンスタンチンさんといった。コンスタンチンさんもニブフだった。コンスタンチンさんによると、村に通年暮らすのは男性二人だけ。サケ・マス漁の時期には二十

上：ルプロワ村でひっそりと明かりを灯すコンスタンチンさん宅
下：冬が迫るサハリン最果てのルプロワ村

人ほどの労働者が来て漁を行うという。

　マリアさんが橋の下を流れる川を指差して「この川はロマノフカ川。村も昔はロマノフカ村と呼ばれていたの」と教えてくれた。林蔵が幕府に提出した報告書『東韃《とうだつ》地方紀行*』の「ナニオー図」には村の中央を蛇行して流れる一本の川が描かれているが、この川に違いない。

　村には木造の民家が十軒ほど点在するが、煙突から煙が出ているのはコンスタンチンさんの家だけだった。夕暮れが迫っていた。マリアさんの自宅近くの空き地にテントを設営することにして、さっそく海へと向かった。

二　海峡を実証した砂丘

ハイマツや細いカラマツが生えた高さ五、六メートルほどの砂丘に立った。マツの枝は、強い北西の季節風のため、南側にしか枝を付けておらず、この地の厳しい気象を物語っていた。季節風にねじ曲がった木々を見て北海道の最東端、根室半島で季節風にいじめられたミズナラ林を思い出した。

海からは凍えるような冷たい風が絶えず吹き付けている。時折、みぞれが混じる。手元の温度計を見ると四度。手にしたＧＰＳの数値は北緯五三度〇九分五三秒、東経一四一度四九分五五秒を示した。

目の前に海が広がっている。

これが間宮海峡だ。夕日に照らされて対岸の大陸の山並みがくっきりと浮かび上がる。アムール川の左岸に当たる。ルプロワから大陸までの距離はわずか三十八キロしかないが、対岸にあるはずのアムール川の河口は確認できない。上空から見れば左側には幅約二十キロにもおよぶ河口が口を開いているのが見えるはずだ。林蔵を描いた小説などでは「対岸には黒龍江（アムール川）の河口が見えた」といった表現もよく見られるが、これは小説上の空想とわかった。

北に目をやると広々とした海が開けていた。オホーツク海へと通じるサハリン湾である。よく見ると、沖の島や大陸が浮いて見えている。蜃気楼の一種「浮き島」らしい。この時期、まだやや温かい海水温と冷えた大気との温度差によって、光が屈折して島などが浮き上がって見える現象である。「あれっ。マガンの群れが飛んでいきます」と藤井君がレンズを向けた。低い高度でＶ字編隊をつくって南の越冬地へと向かっていた。

目の前の海と大陸の風景は、『東韃地方紀行』の「ナニオー図」とまったく同じだった。ただ、林蔵の絵は、まるでドローンを飛ばして見たように一定高度に視点を置き、俯瞰するように描いている。

訪問前、私は村の背後に小高い丘があって、その場から林蔵は村を眺めてスケッチしたものと思い込んでいた。しかし、現地に来ると、そうした丘はなく、林蔵は上空から見た風景を想像して描いていたことがわかった。ただ、林蔵の絵には蜃気楼の中に浮かんで見えた小島も同じ場所に描かれており、林蔵がこの地で元の絵を描いたことは間違いない。林蔵が残した絵には、この絵のように視点を上空に置いたものが多い。林蔵は「鳥の目」を持つ異能の人間であった。

夕暮れが迫る中、間宮海峡と大陸の広大な風景に時を忘れた。季節こそ違え、二世紀前に林蔵が見た風景も同じだろう。この場所に立ったならば、カラフトが島であることを確信できたはずだ。

マリアさんが教えてくれた林蔵の顕彰碑は砂丘の片隅にあった。二〇〇一年に日本から来た間宮林蔵顕彰会員が設置し、木柱に取り付けられた小さな花崗岩の石板には「間宮林蔵到達記念碑プ

砂丘に建つ間宮林蔵の顕彰碑(手前)

レート」と刻まれていた。

　碑の表にはこうあった。

「日本人、間宮林蔵は1809年5月12日、数々の困難に耐えて、樺太西海岸の北端近くの地ナニオーに達し、海峡の存在を確かめて地図を作り、世界に先駆けて発表した。その不屈の魂と学術的功績をたたえて、偉業を末永く語り継ぐため、ここナニオーに記念プレートを置くものである。2001年7月吉日　間宮林蔵顕彰会員」

　プレートが設置されて十年余、強風が運ぶ砂粒によって、黒いペンキの文字はいたるところかすれて読み取りづらい部分もあった。マリアさんによると、二本の木柱に支えられた記念碑は強風や吹雪のために何度か倒れたり、文字がかすれて読めなくなったりした。その度に村民たちが修繕してきたという。

　顕彰碑が建つ砂丘の上からは村全体が見渡せた。枯れた草が風に揺らぐ草原の向こうに丸太を組んだ古い家が七、八軒並ぶ。まるで絵画を見るような心癒される風景だった。

林蔵が村に来たのは、第二次カラフト探検の一八〇九年六月二十四日（文化六年五月十二日）＝林蔵の探検ルートは「はじめに」を、第一章扉裏の地図と３ページの行程も参照＝。林蔵の生誕年を一七八〇年とすれば三十歳だった。当時、松前藩などによる島の開発は、アニワ湾など南カラフトの一部地域に限られて、特に北カラフトの実情はほとんどわかっていなかった。ロシア軍艦による択捉島やカラフト襲撃によって危機感を抱いた江戸幕府にとって北カラフトの調査は喫緊の課題だった。その調査を命じられたのが林蔵と松田伝十郎だった。

この年の初め、林蔵は南カラフトのトンナイで越冬していたが、厳しい寒さだったことだろう。カラフトの真冬は零下三十度も珍しくない。林蔵は満足な暖房設備もない番屋で熊や犬の毛皮に身を包んで冬を耐えた。その指は凍傷のため変形したという。

林蔵は春の到来を待たず、一八〇九年三月十四日（文化六年一月二十九日）にトンナイを出発して再び北を目指した。ウショロに三月十七日に到着。ここから北は樺太アイヌとは異なる北方の民の地域でアイヌの漕ぎ手たちは同行を拒んだ。林蔵はこう記す。

「カラフト南部のアイヌが恐れる理由は、これまで交易の品々を貸され、返せぬときは北方の民は質のかたとしてアイヌを捕まえ、連れ去るという。また、昨年の狼藉も思い出してアイヌたちはひどく恐れ、勇気ある一人を残して残る五人は帰ってしまった」（『東韃地方紀行』、相原訳）。北方の民とはニブフらを指す。

林蔵は新たに五人の漕ぎ手を雇い、五月二十二日ノテトに着いた。まだ、海は凍り付き、舟での航行はできなかった。ノテトはニブフの村だった。家は三棟、男女およそ六十人が暮らしていた。アイヌの男女二人もいると聞いた。

ウショロで雇ったアイヌの男たちは、これ以上奥地へ行くのは危険と訴えた。困った林蔵は新たな案内人一人を雇い、一同をようやく納得させた。林蔵は、ここから先は潮流が速く、アイヌの舟では航海が難しいと聞き、交易に使われているサンタン船を借りた。サンタン船はコルデッケの人々（ゴルト族）が造る船だった。

林蔵らは氷が解けるのを待ち、六月二十日にノテトから北上を再開し、海峡と大陸が約七キロまで迫る最狭部を無事に通過した。林蔵は、イクタマーでもさらに地元の案内人を一人雇い、六月二十四日にナニオーにたどり着いたのである。ノテトとナニオー間約百七十キロを五日間で航行したことになる。

林蔵はナニオーと海峡についてこう記す。

「ここは島で極北の地であり、民家は五、六軒ある。ノテトからナニオーにいたる間は、カラフトと東韃靼（大陸）が向かい合うところ（海峡）であり、潮は南へと流れる。潮流が速いところもあったが、波は高くはなく、小さな船でも航行は難しくはなかった。だが、このナニオーから北は海が広々と開けて、潮流は北へと注ぎ、荒波が立っているため船を出すことができなかった」（『東韃地

方紀行』、相原訳）

この記述から林蔵は、海峡部を通過することでカラフトと大陸の間に海峡が存在し、舟の進行具合から潮の変化を確認した上、ナニオーで島と大陸を隔てる広々とした海が北に広がるのを見て、カラフトと大陸が完全に分離していることを確証したことがわかる。

林蔵は、さらに北へと向かい、未知の北カラフトのすべてを調べたかった。林蔵はナニオーで五日間を過ごしたが、サンタン船ではこれ以上は航行できないと判断せざるを得なかった。林蔵は「島の東海岸まで歩いて横断しようではないか」と同行の者に促したが、誰一人、首を縦に振らなかった。手持ちの食料も残り少なくなり、林蔵はついに諦めた。

林蔵は失望しただろう。海峡の存在こそわかったが、「カラフトの地理や民族、そのすべてを調べよ」との幕府から与えられた使命を果たせたとはとても言えない。北カラフトにロシア人はいなかったが、その進出の状況も不明だった。後の時代に、海峡に自らの名が刻まれるという栄誉など、みじんも考えなかったに違いない。

林蔵が来た当時、われわれ取材班が来たような道はない。東海岸までは直線でも約百キロはある。現地取材で、内陸部にはカラマツやシラカバが密生し、舟で進めるような川もなく、徒歩での横断は極めて難しいことを確認できた。ナニオーから引き返した林蔵の判断は賢明だった。

林蔵は二カ月後、アムール川下流域にあった、中国・清朝の出先が置かれたデレンへ向かうニブフの朝貢・交易隊に加わり、ノテトから旅立った。その帰路、海峡の大陸沿岸も測量することによって、現在と比べても遜色のない全長約百五十キロにおよぶ海峡の地図を独力で作成した（第一章扉の地図参照）。これが林蔵の地理的探検の偉業なのである。

林蔵がカラフトを探検した十九世紀初頭、地球上での地図の空白地帯は南北両極と、カラフトや北海道周辺などわずかな地域しかなかった。この地域は潮流の変化が激しく、浅瀬も多い。夏場には霧も多く発生し、当時の帆船では航海が難しかった。このため、ロシアや西欧諸国の航海家たちは海峡を通過することができず、カラフトが島なのか、大陸とつながる半島なのか、説は二分していた。

半島説を唱えた一人である、ロシアの航海士であるクルーゼンシュテルンが、後に日本から帰国したドイツ人医師シーボルトから林蔵が作製した海峡の地図を見せられ、「日本人、余に勝てり」と叫んだという話は有名だ。

海峡の発見者については、林蔵とともに一八〇八年のカラフト調査を命じられ、一足先に海峡最狭部に到達した松田伝十郎とする説もある。私は札幌在住の日本北方地図の専門家の秋月俊幸さんに見解を聞いた。

秋月さんは「松田伝十郎が到達した地点は、海峡の入り口というべき場所で、ここまででは海峡の発見者とは言えません。林蔵は一八〇八年と翌年にかけて都合三回、後に『アムール・リマーン（河湾）』と呼ばれるアムール川河口周辺を歩き、正確な地図を作成しました。こうした点から海峡の発見者は間宮林蔵とすべきなのです」と明快に説明してくれた。

林蔵の地図についても、秋月さんは「林蔵の地図の特徴は間宮海峡のほかアムール川河口周辺の地図も正確なことです。アムール川が流れる方向も、当時の中国の地図は、北東方向にまっすぐに描かれているのに対し、現地調査した林蔵の地図は下流域で東へほぼ九十度折れるように描かれて非常に正確です。簡易な測量道具しか持たず、しかもたった一人で行ったとは信じられない」と語る。

秋月さんは、林蔵の地図の唯一の欠点として、緯度が三度ほど違っている点を指摘した。間宮海峡最狭部は現在、北緯五十二度とわかっているが、林蔵の地図には「大概《たいがい》四十九度」と記されている。これは林蔵が当時、天文観測の器具を持たず、天測による緯度の計測ができなかったためだった。しかし、緯度が正確さを欠くといっても林蔵の地図の歴史的な意義が失われるものでは決してない。

三　村に伝承「昔、日本人が来た」

二〇一四年十月のルプロワでの取材に戻る。

間宮海峡を見渡せる砂丘からクリーム色の粒の粗い砂が敷き詰められた浜へと下り、波打ち際の海水を手ですくってなめてみた。普通の海水と比較してしょっぱくない。何度かなめてみて確認したが間違いなかった。同行していた栗田記者も「本当だ。しょっぱくない」と驚いた表情を浮かべた。

理由は対岸にアムール川の河口があるためと気づいた。アムール川は、毎分一万立方メートルもの膨大な淡水を海峡に注ぎ込む。その流量は北海道の石狩湾に流れ込む石狩川二十本分もの水量に匹敵し、東京ドームを升に見立てれば、わずか二分間で満たすとされる。

海水の塩分濃度がアムール川の真水で薄まっているのだ。塩分濃度が薄ければ、その分凍りやすくなる。冬には大陸から吹き付ける季節風で冷やされて大陸沿岸で流氷がつくられ、遠く北海道のオホーツク沿岸や知床半島までやってくる。さらにアムール川は上流部の広大な湿地帯や森林地帯からの豊富な鉄分などミネラルをオホーツク海に供給し、これが植物プランクトンを育み、動物プランクトンの餌となり、魚やクジラ、アザラシなど海獣類を育てる基礎となっている。オホーツク海の豊かな生態系を形作る土台はアムール川の恵みなのだ。

日が暮れてみぞれはやんだが、夜は氷点下となった。テントを張った横の空き地で盛大にたき火をして暖をとり、持参したスパゲティを煮て夕食にした。放し飼いにされている黒い樺太犬がやってきてたき火の横でまどろんでいる。コンスタンチンさんか、もう一人の村人の飼い犬らしい。深夜、テントの中で休んでいると、藤井君が「すごい数の星が出ていますよ」と教えてくれた。天候は回復して、青白い半月が雲間から現れた。再び砂丘に向かった。風は弱まっていた。

大陸側の山陰に没しようとする月が海峡を照らし、波間が銀色に揺れる。やがて月が地平線に沈むと、満天の星が一層またたき出した。天の川が東から西へと海峡をまたぐ天空の橋のように架かっている。柄杓の形をした北斗七星を目印に、北極星を探した。北極星は札幌で見るよりもずいぶん高い位置にあった。砂丘の上に腰かけて、竹鶴で乾杯した。林蔵の道を追い始めて約二十年、ついに念願の地に来たという喜びが胸にあふれた。

翌朝は雲一つない快晴となった。村の中央を通る土の道に沿って古い木造の平屋建ての家が五軒ほど建つ。再び海峡の方へと歩いた。浜に降りて北を見ると、十キロほど離れたリブノフスクの集落が見えた。ここには魚の加工場があり、サハリン西海岸で最北の集落となっている。

砂丘のコケモモは真っ赤に熟した実をつけていた。二、三粒を摘まんで口に入れると、すっぱさとほのかな甘みが口いっぱいに広がった。ガンコウランも黒い実をつけていて、こちらも完熟し、甘みと独特のにがみがあった。ハマナスの赤い実は落ちる寸前だ。ハイマツも松ぼっくりを付けている。いくつかをルプロワのお土産として摘んだ。ジェーニャがビニール袋に次々にその種を入れている。訳を聞くと、アルコール度98％という強い酒「スピリット」に松ぼっくりから取り出した種を浸すと、ほどよい琥珀色になるという。

周囲は沼地とまばらなカラマツが生え、北海道の高層湿原のようだった。村周辺の湖沼は薄氷が張り、長い冬がすぐそこに迫っていた。

コンスタンチンさんの家を訪ねると、家の前には三枚に下したサケを干していた。骨がついた部分は犬用という。一年中、村で暮らすコンスタンチンさんは「村の暮らしは、冬場のまきを集めるのが大変だけど、とても気にいっている。オハにもアパートがあって家族もいるけど、おれは生ま

ルプロワに来た一人の日本人の伝承を語ったババゾイア・アグニュンさん(ウラジスラフ・チトフさん撮影)

ルプロワ村で暮らすニブフのワレリー・コンスタンチンさん

れ故郷のルプロワが好きなんだ」と語った。もっと時間的な余裕があれば、あと数日ゆっくりと過ごしてみたかった。コンスタンチンさんの気持ちは、一日過ごしてみてわかったような気がした。

コンスタンチンさんは、村の古老の墓参りに行くところだった。墓に眠る女性はババゾイア・アグニュンさん(一九九七年没)だった。

林蔵を研究していたサハリンの考古学者ワレリー・シュービンさんは、ルプロワ村に「昔、一人の日本人が村に来た」という伝承があったと教えてくれた。そう語ったのがババゾイアさんだった。語り継がれている日本人が林蔵なのかはわからないが、この最北の村まで林蔵以外の日本人が来ていたとは考えられない。その日本人は村を流れる川の左岸で数日間過ごし、南へと戻っていったという。林蔵がナニオーに滞在したのは五日間で、ここから引き返した点も符合する。

コンスタンチンさんに林蔵について知っているか質問した。コンスタンチンさんは「間宮という日本人がこの村までやって来たことは知っている。一九九〇年代に北海道から来た日本人から聞いた」と語った。

これは一九九六年に村を訪ねた稚内市間宮林蔵顕彰会の会長の田上俊三さん(故人)らのことだ。この時にシュービンさんが案内役として同行していた。田上さんは旧日本海軍の元軍人で、旧海軍には「間宮」という艦名の軍艦があったことも教えてくれた。林蔵の話をするとき、その目は生き生きと輝き、熱っぽくその旅のロマンと人間性について語り続けた。

「林蔵を教えることは人間教育なのです」と田上さんは力説した。田上さんは自費で全長九メートル、幅一・五メートルのサンタン船を復元し、ロシアの元科学調査船をチャーターしてサンタン船を積み込み、一九九六年に稚内からルプロワまで遠征した。途中、間宮海峡を通過している。素晴らしい行動力である。林蔵を顕彰する「林蔵まつり」を稚内市に呼び掛けて実現させた人物でもあった。

帆は水産加工会社を経営する田上さん自ら、約三百枚のサケの皮をなめして縫い合わせた。舟の上のトンネル状の覆いは、林蔵の故郷である茨城県つくばみらい市の間宮家の竹林の竹から作ったものだった。

復元されたサンタン船と田上俊三さん
（手前中央）

田上さんらはルプロワの沖合まで来て、サンタン船を降ろして浜に上陸し、船でロマノフカ川をさかのぼり、村に入った。日本からわざわざ来た一行を、ババゾイアさんら村人は大歓迎し、サケ料理などでもてなした。

ルプロワへの遠征には、つくばみらい市在住で林蔵から数えて八代目となる間宮正孝さんも同行し

ニブフのゆりかごと母親の絵(『北蝦夷図説』)

た。その後、村に顕彰碑を建てた間宮林蔵顕彰会のメンバーもやって来た。そうした人々から林蔵への熱い思いを聞いたルプロワの村人たちは、日本との友情、交流のために碑を大切にしてきたのだった。

田上さんは、林蔵が幕府に提出した北方先住民の暮らしを詳細に描いた『北蝦夷図説』を持参して、村人に見せた。

その中にニブフのゆりかごの絵があった。そのゆりかごは日本などの通常のものとは異なり、赤ん坊を立ったままの姿勢で固定して揺らすもので、その絵を見たババゾイアさんは「私もこんなゆりかごで育ったのよ」と笑顔を見せたという。

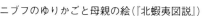

四　錦の帽子は語る

日本の研究者によって、ルプロワの歴史はとても古い可能性があることがわかってきた。函館工業高等専門学校(函館高専)の中村和之特任教授(北東アジア史)と名古屋大学宇宙地球環境研究所の小田寛貴助教は、サハリン州郷土博物館が収蔵する、ルプロワ村に残されていた中国産の絹織物「蝦夷錦」で作られた帽子から補修のため付けられていた布の切れ端を採取し、放射性炭素測定法で年代測定をした。帽子は年代の異なる数種類の端切れが使われ、最も古いものは一四〇三年から一四二〇年で、一四一一年の確率が高いことがわかった。日本では室町時代に当たる。

中村教授は「当時、アムール川下流域には中国・明が進出し、周辺の諸民族を統治する手段として、役所や寺などを造り、明への従属を誓った人々に官位やそれに見合う絹織物を与えていた。その際に下賜された錦なのではないか」とみる。この中国伝統の統治システムを朝貢と呼ぶ。

ニブフの女たち(『北蝦夷図説』)

日本から見ると、ルプロワはサハリンの最果ての村だが、アムール川河口の対岸に位置し、十三世紀から江戸時代まで中国から同川経由で北海道まで伸びていた「北のシルクロード」の中継地だったのもしれない。

コンスタンチンさんも「錦の帽子が村にあったと聞いたことがある」と語った。

ニブフの民族衣装を着て語るマリア・ウクリナさん

「少し前までルプロワの村民たちは、夏は舟で、冬は犬ぞりに魚などを積み込んで大陸へ行き、さまざまな商品と交換した。海峡は冬に結氷する。おれも以前は犬ぞりで渡っていた。十数頭の犬を飼っていたけど、餌となる魚を確保するのは大変で、いまはスノーモービルだ」と教えてくれた。

林蔵は『東韃地方紀行』の中で「スメレンクル（ニブフ）は交易にとても熱心で、近所へ行くときにも必ず品物を持参し、必要なものと交換してくる」と記している。

コンスタンチンさんの家から戻ると、マリアさんがバケツ二杯の赤い果実を周辺の森の中で摘んで戻っていた。越冬用という。戦前、南樺太に暮らしていた日本人もよく食べ、「フレップ」と呼んでいた。ツツジ科の木の実で砂糖をまぶして食べたり、ジャムにしたりした。以前、ある元樺太島民のご夫婦にフレップに砂糖を混ぜて煮詰めた濃縮ジュース

筆者の相原秀起と相棒のジェーニャ（ルプロワ村で）

を贈ったことがあった。後日、「おれと同じ樺太生まれの女房は『フレップだ』と大喜びした。戦後、樺太から引き揚げた後、女房のあんなに喜んだ顔を見たのはないよ」と感謝された。その言葉を聞いた時、元島民にとってフレップはかけがえのない故郷の味なのだと実感した。

マリアさんは、家に代々伝わるという、襟に黒い布地で文様を縫いこんだ青色の民族衣装を着て見せてくれた。「私が持っていても仕方ないから、将来は博物館に寄贈しようと思っているの」。村を流れるロマノフカ川の橋の上で、マリアさんは「私はこの村を離れて暮らしているけど、魂はいつもこの村にあるのよ」と語った。

ルプロワから戻ってオハ市博物館を訪ねた。

同博物館の女性職員が館内を案内してくれた。リブノフスク生まれという。館内には犬ぞりやサハリンタン船の模型のほか、体重七百キロの巨大なヒグマのはく製も展示してあった。

周辺の遺跡を示す地図があり、北サハリンのルプロワなど西海岸一帯の各地には、一万年前、人類の住居跡があったことを示していた。

ルプロワより北にはサラトカヤ湖という淡水湖があり、カワカマスやコクチマスなどアムール川と同じ種類の魚が生息しているという。「もちろん、サケやマスも多く捕れて、人々にとっては生活がしやすい豊かな地域だったのでしょう」と職員は説明してくれた。

＊『東韃地方紀行』『北蝦夷図説』（原本名『北夷分界余話《ほくいぶんかい》』）　間宮林蔵のカラフトとアムール川下流域での見聞をまとめ、幕府に提出した報告書。林蔵の二年にわたる調査内容を帰国後、松前で口述させて、村上貞助が編纂した。同時に林蔵は自らの測量を元に二種類のカラフト島地図を作成した。村上自身、北方に関する知識が豊富で、筆力や絵心もあり、いまで言う優秀な編集者でもあった。林蔵自身も画才があり、二年にわたり詳細な記録とスケッチを残していたとみられる。村上は後に日露両国が一触即発の事態となったゴローニン事件で通訳も務めるほどの才人であった。

第二章

北方領土・択捉島

フボストフ事件、屈辱の敗北

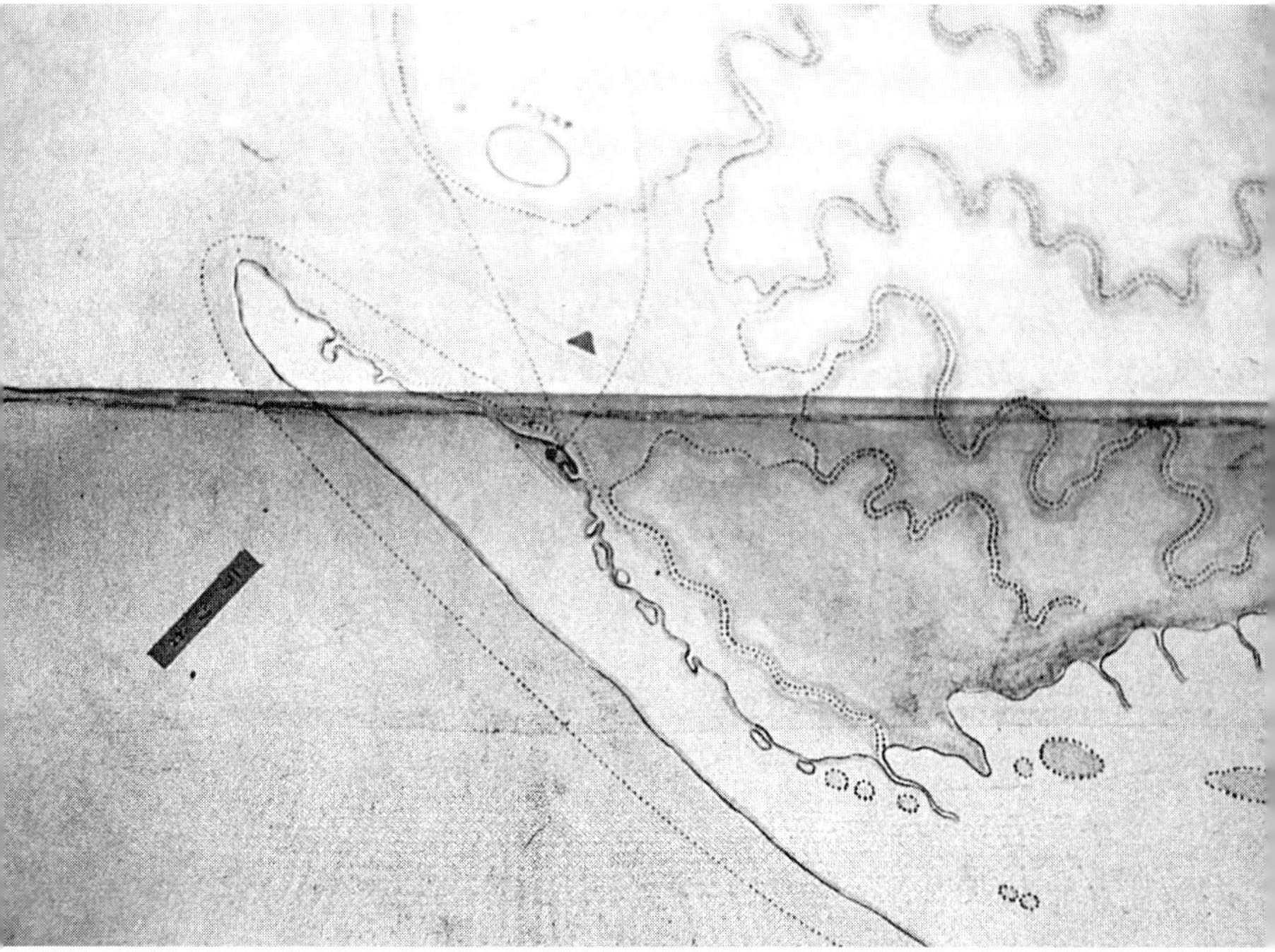

間宮林蔵が描いたノテト(テッカ)の地図

1999年の択捉島調査ルート図と
間宮林蔵の測量地域（推定）

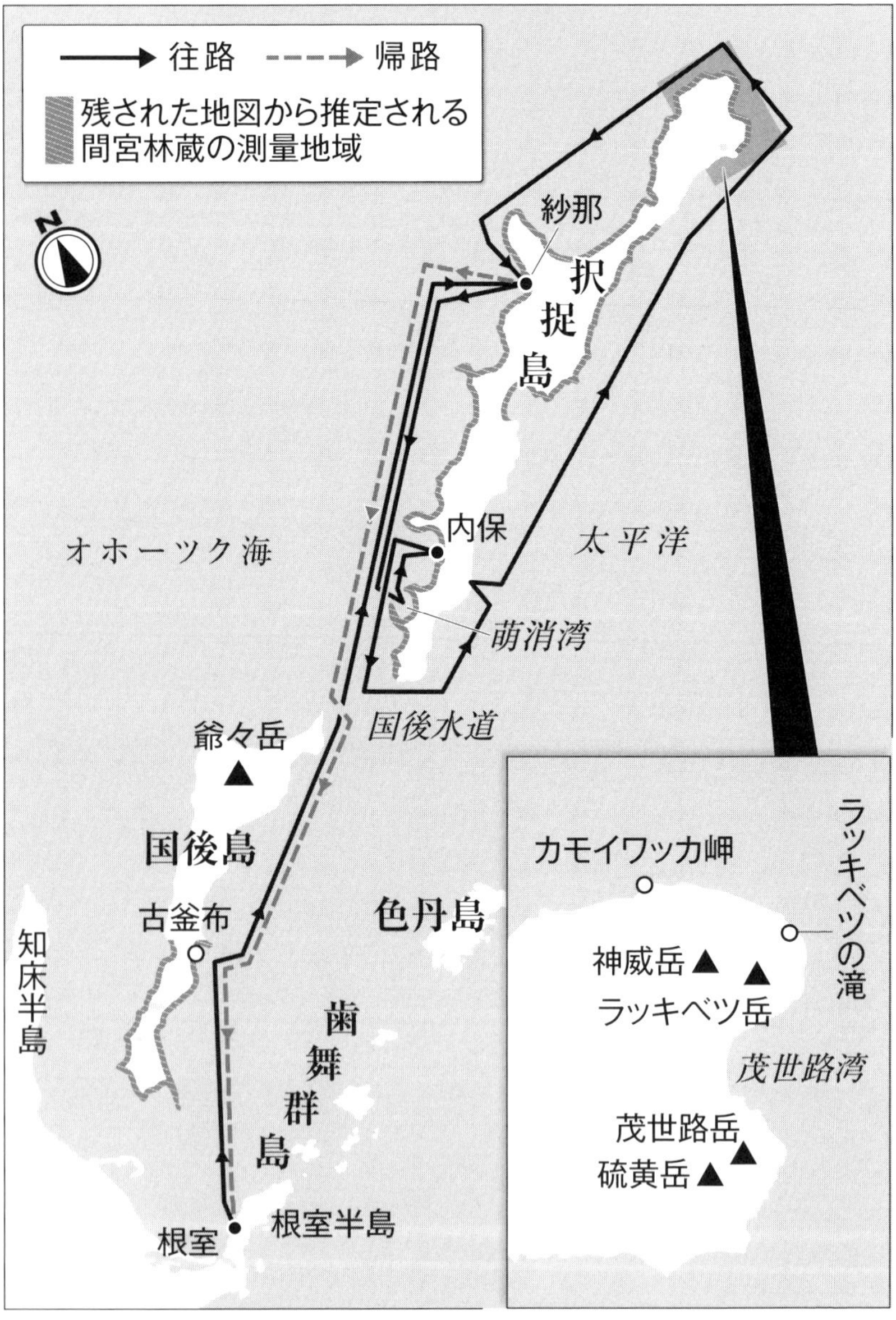

一　海島とラッコの楽園

千島列島は、北海道とロシア・カムチャツカ半島をつなぐ全長約千二百キロ、大小三十余りの島が連なる火山列島である。南端に位置する北方領土の択捉島、国後島、色丹島は戦前、南千島と呼ばれていた(歯舞群島は根室半島にあった歯舞村の離島との認識だった)。

江戸時代、この南千島を舞台に近藤重蔵や最上徳内、高田屋嘉兵衛や松浦武四郎らが活躍し、そうした偉人の一人が間宮林蔵だった。与力の次男として生まれ、幕府のエリートであった近藤重蔵を除けば、山形生まれの最上徳内や筑波出身の間宮林蔵は農民出身であり、高田屋嘉兵衛も淡路島の貧しい農家の出であった。松浦武四郎も伊勢の郷士の四男で十代から放浪の旅を続け、栄達や出世とは無縁だった。身分制度が厳しい江戸時代、彼らは蝦夷地や千島、カラフトといった北方のフロンティアに人生を懸け、その名を歴史に刻んだ。

江戸幕府が近藤重蔵や最上徳内ら調査隊を択捉島や得撫島に派遣したり、高田屋嘉兵衛に命じて択捉島の開発を進めた理由も元はロシアの南下にあった。伊能忠敬の蝦夷地の地図作成や林蔵によるカラフト探検も同じ意味合いである。日露の歴史を振り返ると、二十世紀以降は相克の歴史であった。日露戦争(一九〇四年―〇五年)、シベリア出兵(一九一八年)、ノモンハン事件(一九三九年)、太平洋戦争終戦直前のソ連の対日参戦(一九四五年)、そして半世紀におよんだ冷戦――。

千島列島を見ても、一九四五年八月十五日の太平洋戦争終戦後、ソ連軍は戦略上重要だった千島列島を手中に収めるため、八月十七日深夜にカムチャツカ半島対岸の北千島・占守島《しゅむしゅ》に突如上陸、日本軍との激戦の末に島を占領した。続いて、千島列島沿いに南下し中部千島の武装解除を行い、八月二十八日以降、南樺太を占領した部隊が択捉、国後、色丹、歯舞群島に侵攻し、順次占領した。以来七十年余、日本政府はこれら「固有の領土」である北方四島の返還をロシアに求めているが、政府間の交渉は難航し、四島はいまもロシアが不法占拠した状態が続いている。

戦後の冷戦下、ソ連は千島列島を「国境地帯」に指定し、外国人の立ち入りを厳しく規制していた。一九九一年春にソ連元首としてゴルバチョフ大統領が初来日した際、北方領土の返還交渉は進まなかったが、互いの主権には触れない形で四島と日本を行き来する「ビザなし交流」が合意された。相手国のビザ（査証）を取得することは相手国の主権を認めることになるため、ビザを取得しないで交流するという制度だ。九二年からスタートし、新聞記者も「領土返還運動関係者」として北方四島への渡航が許されることになった。

当時、私は北方領土を望む北海道新聞の根室支局員だった。四島には原生の自然が残り、シマフクロウやエトピリカが多数生息していることも知った。自然豊かな四島に行ってみたいと私は切望した。

千島列島における日本とロシアの歴史を学ぶ中で、近藤重蔵が択捉島で、ロシア人の十字架を引き抜いて、「大日本恵登呂府《えとろふ》」の標柱を建立したことや、高田屋嘉兵衛が択捉航路を開いたこと、嘉兵衛は後にゴローニン事件に巻き込まれたが、日露両国の仲介役となり、見事に紛争を解決したことも学んだ。この中で択捉島の中心地である紗那《しゃな》を一八〇七年（文化四年）、ロシア軍艦が襲撃した事件に林蔵が巻き込まれて無念の敗走をしたことも知ったのだ。

林蔵が択捉島にいたのは、カラフト探検に派遣される前の一八〇六年から七年の二年間。島の地図作成と新道開拓が林蔵の役目だった。林蔵が作ったとされる「エトロフ島大概図」（国立公文書館所蔵）は、一部分が空白であるが島の輪郭はほぼ正確である。林蔵は択捉島以前に国後島を測量したとみられ、その成果は師である伊能忠敬の地図に反映されている。忠敬の地図には、忠敬が行けなかった国後島の西半分の地名も書き込まれており、林蔵の測量区域が国後島の西半分であったことをうかがわせる。

ソ連崩壊から七カ月後の一九九二年七月、私の願いがついにかなうことになった。北方領土取材班の一員として、初めて四島に渡れることになったのだ。

根室半島の花咲港を午前零時に出港した取材船は、翌朝、国後島の中心地・古釜布《ふるかまっぷ》（ユジノクリーリスク）沖に到着した。霧が晴れて向こうに古ぼけたロシアのアパート群が見えたときの衝撃を鮮明に覚えている。根室の目と鼻の先にロシアという異国があるという現実に対する驚きだった。

私は計三回、ビザなし交流で北方四島に渡った。二回目は一九九九年八月に択捉島へ。三回目は二〇〇一年六月の色丹島である。いずれも日本の外務省など官庁などが主催する官製の渡航ではなく、北海道新聞社と北海道文化放送（ＵＨＢ）が費用を負担し、日ロ両国の野生動物の専門家と外務省職員が同行して、四島の動植物を調査したものだった。一般的なビザなし交流とは異なり、ロシア人研究者とともに自然保護区など一般人の立ち入りが認められていないエリアに入った。この三回の渡航で幸運にも私は四島すべてを自分の目で見ることができたのである。

初回の九二年、現地・国後島のクリリスキー自然保護区のロシア人レンジャーたちとソ連軍払い下げのキャタピラ車で国後島の主峰・爺々《ちゃちゃ》岳山麓へと向かった。戦前に日本が造った道はすでに廃道となり、無数の昆布が打ち寄せる浜の波打ち際を走った。潮だまりには数多くの花咲ガニが群れていた。ヒグマが闊歩する薄暗い原生林と、シマフクロウが営巣するオオバヤナギの巨木。その圧倒的な自然に私は度肝を抜かれ、感動した。国後島の植生は北海道と同じ針葉樹と広葉樹の混交林だが、その森には開発を免れて北海道が失った原生が息づいていた。

私たち取材班は夕方に国後島を出て、千島列島最大の島である択捉島へと向かった。この時の取材船は当時最新鋭の遊漁船（十九トン）だった。三十ノットの速力とレーダーに魚群探知機、もちろんベッドも完備しており宿泊もできた。

太陽はようやく没し、私は船室のベッドで横になっていたが、突然の激しい揺れに飛び起きた。慌てて操舵室へと向かった。

千島の海を知り尽くしたベテラン船長は「驚いたか。ここが国後水道だ。川を横切っているようだろ」と言った。レーダーの画面で船の位置を確認すると、国後水道を西から東へ、太平洋からオホーツク海に向けて斜めに横切ろうとしていた。

国後水道は、国後島と択捉島の間を走る幅二十キロの海峡で、北のオホーツク海と南の太平洋をつなぐ海の回廊である。二つの海洋の干満差によって、時に激しい潮流が起こり、江戸時代から海の難所として知られていた。

幕府から択捉島開拓を命じられた箱館(函館)の商人高田屋嘉兵衛は一七九九年(寛政十一年)、国後島東端の安渡移矢《アトイヤ》岬に立って観察し、国後水道の潮の特徴を見定めて択捉航路を開拓した。潮流の目まぐるしい変化に加えて夏場には濃霧が出る千島海域。帆に受ける風の力だけを頼りとする弁財船(北前船)の時代、操船を少しでも誤れば難破の危険がある航海だった。林蔵もこの国後水道を越えて蝦夷地から択捉島へ渡った。幕府が千島調査と択捉島開拓を進めた理由は、南下するロシアへの対抗策であった。ロシアはすでに択捉島の東に位置する得撫島に狩猟を目的とする開拓地を築いていた。択捉島は日露両国の最前線という場所にあった。

後に一八五五年(安政二年)、日露両国は日露通好条約を締結し、択捉島と得撫島の間に最初の日露国境線が引かれたが、それは自然なことだった。この日露通好条約は現在、日本が北方四島の返還をロシアに求める根拠ともなっている。

択捉島は沖縄本島のほぼ三倍の面積がある。東端近くの硫黄岳や焼山、中央部の小田萌山、西端のベルタルベ山など多くの火山が点在し、標高千五百メートルほどの山脈が東西に走る。

私たちはオホーツク海沿いの海岸線に沿って北上した。断崖が連なり、山々から流れ出た水は沢

萌消湾で調査するラッコ調査隊

となり山腹を駆け下り、無数の滝となって海へと注いでいる。その見事な景観は知床半島北側のウトロから知床岬までの海岸線とよく似ていたが、知床にはないものもあった。崖の上に何両もの旧ソ連軍の戦車が放置されているのだ。双眼鏡で確認すると、さびた車体の半分ほどは土に埋められて走行はできないようだ。砲身は海に向けられ、この島が日本との最前線であった冷戦時代をしのばせた。当時、太平洋に面する単冠《ひとかっぷ》湾の天寧（ブレベストニク）にはミグの戦闘機部隊も配備されていた。単冠湾は、太平洋戦争開戦時の一九四一年（昭和十六年）に日本の機動部隊がハワイに向けて出港した場所でもある。

　一九九九年八月、私として二度目のビザなし交流による択捉島での調査は、島西端近くの萌消《もえけし》湾から始まった。目的はラッコの生息調査で、調査隊の正式名称は「択捉島ラッコ専門家交流訪問団」といった。

夜が明けて、サハリンから通訳として駆けつけたジェーニャと連れ立って甲板に出た。調査船「ロサ・ルゴサ」（四七八トン）は、萌消湾のど真ん中に停泊していた。茜色に染まっていた東の空が青色を帯び始めていた。萌消湾は南北約十キロ、東西約六キロの楕円形の湾で、高さ二、三百メートルの絶壁が周囲を取り巻く。北側の一部分だけが海面よりも低く、ここでオホーツク海と接している。船から見える風景は、世界的な透明度を誇る道東の摩周湖の湖岸から見渡す光景と似ていた。ともに太古の火山爆発によって地面が深くえぐられてできたカルデラと呼ばれる地形である。

摩周湖を取り巻く切り立った斜面は木々で覆われ、その緑色を湖面に映し出すのに対し、萌消湾の絶壁には木々は見当たらず、荒々しい岩がむき出しになっている点が異なる。

摩周湖と同様に二百メートルを超える水深があり、船の錨が海底まで届かないため、荒天時の避難場所には向かない。それどころか、周囲の絶壁から吹き下ろす強風によって湾内は荒れ狂い、戦前は船乗りから「化け物湾」と恐れられていたという。私たちが訪れた日は波もなく穏やかだった。

湾の入り口に浮かぶ萌消島（通称ライオン岩）へと伴走船「ロサ・ルゴサⅡ」（四七トン）で向かった。海面に多くの海鳥が浮かんでいる。大きなオレンジ色のくちばしが特徴のエトピリカの大群だった。ゆっくり進む船の前にいたエトピリカたちは慌てて道を譲り、短い羽根をはばたかせて飛び立とうとする。しかし、不器用な鳥でうまく空に舞い上がれないものも少なくない。島の周囲にはエトピリカが乱舞している。天敵の心配がない島の斜面に巣があるのだろう。

根室市教委の近藤憲久学芸員が双眼鏡を手に素早く数えた。「およそ海面に五百羽、海上には二

萌消湾の萌消島のエトピリカ

百五十羽。すごい数だ」

エトピリカは戦前までは根室半島などにも数多く生息していたが、現在は数十羽しかいない。「減少した最大の原因は刺し網漁です。魚を狙って海中に潜るエトピリカは網に絡まりやすい。択捉島では刺し網がほとんどなく、海鳥は人間活動の影響を受けていないのでしょう」と近藤学芸員は語った。

道内ではエトピリカの数が減った半面、雑食性のオオセグロカモメが生ごみなどを食べて繁殖。この強力な外敵にエトピリカは対抗できなくなった――。これが近藤さんの推論だった。

萌消島のほか、太平洋沿岸の鳥島などの調査地点でも多くのエトピリカを確認できた。択捉島にはエトピリカに由来する地名は「イトピリカモイ(エトピリカのいる入江の意味)」(阿登佐岳北側)など各地にあり、択捉島の先住民であるアイヌの人々にとってなじみ深い島であったことをうかがわせる。林蔵が択捉島を訪れた約四十年後に島を探検した松浦武四郎の記録『三航蝦夷日誌』にも、エトピリカの図が添えられている。林蔵も無数のエトピリカが乱舞する光景を見たことだろう。

調査目的である海の珍獣ラッコは、おなかに貝を載せて割る仕草などで人気者だが、クロテンと並び最高級の毛皮でも知られている。江戸時代、ロシアはクロテンなどを求めて極東に進出。カムチャツカ半島周辺でクロテンにも匹敵する毛皮を持つ海獣を見つけた。それがラッコだった。アザラシとは違って体内に脂肪をあまりためられないラッコは、密生した綿毛と長毛の二重構造の毛によって、冷たい海水から身を守っている。これがラッコの毛皮の肌触りの良さと保温性の高さの秘密である。

ロシアは、ラッコを追ってカムチャツカ半島から千島列島を南下し、アイヌの人々が「ラッコ島」と呼んだ得撫島に開拓地を設けて乱獲した。後にサハリン州郷土資料館の発掘調査によって、その跡地からはおびただしいラッコの骨が発掘されている。

帝政ロシアにとって、毛皮は中国やヨーロッパに輸出されて国家財政を支え、「やわらかい黄金」とも「シベリアの通貨」とも呼ばれていた。ラッコの毛皮は従来、千島アイヌにとっても貴重な交易品で、その毛皮は松前を経て、長崎から中国へと輸出された。ラッコを狙うロシア人の千島進出は同時にアイヌとの軋轢も生んだ。得撫島はロシア本土からは遠く、弾薬や食料などの補給や集めた毛皮の輸送は大変な労力が必要で、食料補給と毛皮輸出先の確保という一石二鳥の解決策が日本との通商だった。そのために一七九二年、第一回遣日使節団としてラクスマンを派遣したのである。一行の中にはイルクーツクで毛皮を扱う商人もいたほどである。いわばラッコは日露の出会いを生んだ動物でもあった。

終戦時、ラッコは乱獲によって千島列島からほとんど姿を消していた。松浦武四郎が探検した江戸時代後期でさえもラッコはすでに少なく、択捉島の北側沿岸を探査した武四郎もその姿を見なかったと記録している。絶滅寸前まで追い込まれていたラッコは、ソ連の保護政策によって長い歳月をかけてその数をようやく増やしているという。その実態を確認することこそが調査の目的であった。

根室を出港する前、私は不安だった。ラッコがいるという現地情報はあっても写真や映像は見ていない。天候や海の状態という問題もある。自分の目で確認し、その姿をレンズで捉えることが本当にできるのだろうか。

その懸念は杞憂に終わった。

萌消島でエトピリカの大群に次いで私たちの目前にラッコが現れたのだ。同行のロシア人レンジャーが「ラッコがいますよ」と声を上げて指差した。ラッコは貝をおなかの上に載せて食事中だった。

太平洋岸の鳥島では、昆布が繁茂する岩の上で休む若いラッコを見つけた。もともと警戒心の強いラッコが岩の上で休んでいるのは、それだけ安心している証拠と、同行のロシア人海棲哺乳類保

択捉島の太平洋岸の鳥島で岩の上で休む若いラッコ

護監督官アレクサンドル・ボブディレフさんが教えてくれた。

ボートのすぐ近くにもラッコが現れて、クルリと体を回転させて手を上げるおなじみのポーズを見せた。島東部の眼鏡岩では子連れの母ラッコと出合った。かつてのロシア人や英国人のラッコ狩猟船なら容赦なく子ラッコに銃弾を浴びせたはずだ。母ラッコの子への愛情は細やかで、寝ている間も子どもを離さないといわれる。子どもの元から離れないから、簡単に撃ち取れたという。人間の気配を感じたら、すぐに身を隠したラッコが、人が近づいても逃げなくなるまで何世代を経ているのだろうか。

私たちラッコ調査隊はわずか一週間の調査で百十頭のラッコを確認した。現地研究者の一九九八年の調査では択捉島全体で千八百頭ものラッコが生息し、千島列島全体では約一万二千頭がいる。

内保の浜に上陸するラッコ調査隊。後方はアトサヌプリ

択捉島は北千島・幌筵(パラムシル)島、中部千島・得撫島に次ぐ生息地になっていた。ラッコは繁殖域を拡大し、歯舞群島でも数を増やして納沙布岬や根室半島でも姿が見られるようになった。

調査船は萌消湾北側の萌消崎を回り込んで内保《ないぼ》湾へと入った。湾の北には円錐形をした火山、阿登佐岳(アトサヌプリ)がそびえる。船外機付きの小型ボートに乗り移り内保の浜に上陸した。黒い砂が続く浜には人影はない。かつて日本人が住んでいた頃、ここには内保の集落があり学校や神社もあった。現在はロシア国境警備隊員数人が駐屯するだけで住民はいない。日本人の集落跡も見当たらなかった。

戦前、島のオホーツク沿岸を中心に日本人の集落が点在していたが、現在は中心地の紗那と別飛(レイドボ)、太平洋岸の天寧ぐらいしかロシア人は住んでいない。

択捉島の太平洋沿岸の地形は急激に深く落ち込み、サケやマスの定置網が設営しにくいという。その点でオホーツク海沿岸の海底の傾斜はゆるやかなため、定置網漁など漁業に適していた。戦後、ソ連軍が北方四島を占領し、数年の日本人との混住時代を経た後、日本人は離島を余儀なくされ、同時にオホーツク海沿岸の各集落も消えた。

内保の浜の奥には内保沼があり、沼を水源にした内保川がオホーツク海へと流れ込んでいる。ジェーニャ、近藤学芸員と内保川をボートで遡った。人の手が加わっていない自然河川の様子を見るためだ。

川幅は七、八メートルほど。河口から上流に進むと川は蛇行を繰り返し、産卵のために戻って来たカラフトマスが川のよどみに群れている。舳先に立ち竹竿を操って船を導いていたジェーニャが、「岸辺に道みたいなものがありますよ。人がいるのかな」と怪訝そうな声を上げた。確かに川岸の背丈ほどの草がなぎ倒されて、踏み分け道があちこちにできている。ボートを岸辺に寄せて上陸するとその正体がわかった。

軟らかな岸辺の砂地にはクマの足跡がいたるところに付いていた。物差しで測ると最大のものは前足の幅が二十三センチもあった。夜になったら川にサケやマスを獲りに来るのだろう。運よく私たちが訪ねた時は草地の中で昼寝の最中だったのかもしれない。逃げ場のない狭い川の中でヒグマに遭遇したくはない。内保沼周辺を調べた別の隊員も多数のヒグマの足跡を見つけた。

内保沼で見つけた巨大なヒグマの足跡

択捉島のクマは北海道と同じヒグマだが、これほど大きな前足のヒグマは北海道にはいない。のぼりべつクマ牧場（登別市）に問い合わせると、同牧場のクマで最大のものでも前足の幅は二十一センチで体重四百四十キロといい、私どもが見つけたものは体重五百キロを超えるという。

なぜ、巨大なヒグマが択捉島に生息しているのか。それは内保川をはじめ、島内のほとんどの河川はダムがない自然河川で護岸工事もしていないため、魚が潜めるよどみが無数にある上、初夏から雪が降り始める初冬まで五月雨式にカラフトマスやシロザケが遡上、これら栄養満点の餌をヒグマたちはむさぼり食い、脂肪を蓄えて冬眠に備えるということなのだ。野草やドングリなども食べる北海道のヒグマとの栄養状態の違いが体の大きさに影響していた。紗那の博物館によると、島には推定約六百五十頭のヒグマがいて、成獣の平均体重は約四百キロ。しかし、島民が襲われるような事故はほとんど起きない。サケやマスなど餌が豊富で、島民も少なく、人とクマは住むエリアが隔たっているため、事故は起きないのだという。

われわれ調査隊は内保から再び国後水道を通り、島の太平洋岸に沿って東へ向かった。その間、二度にわたりシャチの群れと遭遇した。アザラシや鯨類を餌にする海の王者シャチ。ラッコもシャチも海の生態系の頂点にいる動物で、豊かな海でしか生きることができない。このため最も早く絶滅し、最も復活が遅い動物である。シャチやラッコが暮らす択捉島の海は、しっかり生態系が守られている。

二　巨大な滝ラッキベツ

択捉島の東端が近づいてきた。茂世路《もよろ》岳を左に見ながら進路を北に変えて茂世路湾へと進んだ。戦前にはこの湾に茂世路の集落があった。背後の硫黄岳などで採掘される硫黄を製錬する施設もあったという。

林蔵が作成したとされる地図から推測すると、林蔵は択捉島の西端から茂世路までのオホーツク沿岸と、紗那から内陸部を横断し、太平洋に面した単冠湾周辺を測量したとみられる。太平洋沿岸は空白の部分もあり、全島の測量は未完成だった。

最東端のラッキベツ岬でどうしても自分の目で見たいものがあった。それは松浦武四郎が驚嘆した大瀑布「ラッキベツの滝」だった。水が垂直に落下する「直瀑《ちょくばく》」と呼ばれるタイプの滝として

松浦武四郎が感嘆した巨大な滝「ラッキベツの滝」

は日本列島周辺で最大級の高さを誇る。背後のラッキベツ岳（一、二〇六メートル）から流れ出た水は絶壁を一気に落下する。まるで川のような様からアイヌの人々は「ぶら下がっている川」という意味の「ラッキ・ペッ」と名付けた。「ラッキ」はぶら下がる、「ペッ」が川である。戦前は「千島八景」のひとつにも数えられた景色の素晴らしい場所だった。戦前に撮影された写真はモノクロだったが、すさまじい水量の巨大な滝であることがすぐにわかった。

武四郎が訪れたのは一八四九年（嘉永二年）七月。武四郎は、このときは幕府調査隊の一員ではなく、一私人としてこの地を訪れた。ロシアの南下に危機感を抱く武四郎は、わざわざこの地までやってきたのだ。

「滝の高さは三十丈（約九十メートル）ぐらいあるように見える。白い絹糸の束を掛けたような大きな滝で、紀州の那智の滝よりも迫力がある。水は銚子口から落ち、中ほどの岩に当たり水煙が飛び散っている。その光景はほかに比べるものがないくらい素晴らしい」(『三航蝦夷日誌』、相原訳)と激賞している。武四郎は伝聞として、ロシア人はこの滝を得撫島から渡ってくる際の目印にしているらしいと書いている。

調査船が茂世路湾からラッキベツ岬をかわそうとした時、まさに絹糸のような白い水の束が岸壁に架かっているのが遠くに見えた。ラッキベツの滝に違いない。戦前の資料によると、滝の高さは百八十メートル説や百三十メートル説もあった。

小型ボートに乗り移り、滝に近づいた。滝は圧倒的な迫力だった。屏風のように連なる岸壁の一点、銚子口から水が落ち、はるか下の岩にぶち当たり砕け散る。水煙が上がり、二百メートルほど離れた私たちの上にも大きな雨粒が降りかかる。島が日本に返還されたら択捉島を代表する観光名所になることは間違いなく、日本を代表する名瀑のひとつに数えられることだろう。ただ、来島前に私が見ていたモノクロ写真と違う点があった。滝の水量がはるかに少ないのだ。私たちが訪ねた八月は渇水期に当たった。同行のロシア人研究者によると、雪解け水が豊富な五月ごろには、滝の水量はピークとなり、銚子口からダムの放水のように大量の水を吐き出す。辺りには轟音が鳴り響き、水煙の大ドームが一帯を包み込むという。

滝の正確な高さを測るため、私たちはレーザー距離測定器を持ち込み、正確な高さを割り出した。測量の結果、滝は高さ百四十五メートルあり、札幌・大通公園のテレビ塔(百四十七メートル)とほぼ同じ高さだった。日本を代表する名瀑である「那智の滝」(百三十三メートル)＝和歌山県那智勝

択捉島最北端のカモイワッカ岬

浦町＝、「華厳の滝」（九十七メートル）＝栃木県日光市＝よりも高いことがわかった。現在、ロシアでは伝説の巨人の名前を取って、この滝は「イリヤ・ムーロメツの滝」、ラッキベツ岬もイリヤ・ムーロメツ岬と呼ばれている。

林蔵がオホーツク沿岸から茂世路まで測量したならば、途中でこの大滝を見たはずだが、その記録は伝わっていない。択捉島だけでなく、林蔵は足掛け十年以上も蝦夷地を測量しているのだが、地図以外そうした記録はほとんど残っていないのだ。

東京の間宮家六代目、間宮秀治さんを取材した際、間宮家には林蔵が残した野帳など多くの資料があったのだが、一九四五年三月の東京大空襲などですべて焼失してしまったと話していた。カラフト調査であれだけ詳細な記録を残し、画才もあった林蔵だけに戦火による資料の消失は貴重な文化財の喪失であり、いま考えても非常に惜しい。果たして林蔵はどんな記録を残していたのだろうか。

調査船は、ラッキベツの滝に近い島最北端のカモイワッカ岬にゆっくりと近づいた。まるで恐竜の背骨のように荒々しい岩が連なり、海中へと伸びている。この岬は北方四島が日本に返還されたならば北海道最北端の宗谷岬より北にある日本最北端の岬となる。

「大日本恵登呂府」の石碑（『写真集懐かしの千島』）

岬には戦前、日本領土のシンボルだった石碑「大日本恵登呂府《えとろふ》」があった。ジェーニャと双眼鏡で木も生えていない岬周囲の斜面を探したがついに碑は見つからなかった。

碑の由来を説明する。一七九八年（寛政十年）、択捉島を調査した近藤重蔵が、島が日本領土であることを宣言するため、「大日本恵登呂府」の標柱をタンネモイのリコツフに立てた。重蔵は一八〇〇年にカムイワッカオイにあったロシア人の「十字」を倒して木柱を設置（木柱の文字は不明）。その後、仙台藩士が一八五九年（安政六年）にカムイワッカオイの標柱を新しいものに取り換えた。さらに一八七六年（明治九年）、開拓使書記の時任為基がカムイワッカオイの「大日本アトイヤ」の標柱を函館に持ち帰る（函館市北洋資料館で展示）。その後、一九三〇年（昭和五年）に現地の蘂取《しべとろ》村が同じ岬に石碑を建てた。裏には碑の由来が彫られて、終戦まで択捉島の象徴的な存在だった。現在も日本政府が発行する北方領土問題の資料やパンフレットに写真が掲載される歴史的な碑である。

元島民らの話によると、碑は戦後まもない一九四七年夏ごろ、碑の存在を知ったソ連軍によって破壊されていたことがわかった。日本人の島民を道案内に現地に行ったソ連軍は、花崗岩製の石碑を根本から破壊し、海に突き落としたという。碑はいまも周辺の海底に横たわっているのではないだろうか。

三　ロシア軍に屈辱の敗戦

林蔵の人生の転機となった択捉島でのフボストフ事件について話を進める。

ラクスマンが持ち帰った長崎の入港許可証「信牌」を手に、ロシアの第二回遣日使節レザノフは一八〇四年、長崎に来航したが、半年も待たされた上、長崎奉行から立ち去るようにと拒絶された。怒ったレザノフは武力による日本の開国を企て、部下の海軍士官フボストフにカラフトなどの日本人の集落を襲撃させることを決めた。レザノフはいったん攻撃を思いとどまったが、その中止命令は曖昧で攻撃は実行されてしまった。

ロシア軍艦によるフボストフ事件が起きた択捉島の中心地・紗那

最初に攻撃されたのはカラフトだった。一八〇六年九月、アニワ湾の拠点クシュンコタンなどが襲撃され、番人四人が捕えられ、会所が焼き払われた。翌年の一八〇七年四月、次に襲われたのが択捉島の内保だった。私たち調査隊が上陸した場所である。フボストフらはここでも番人五人を捕虜とし、米などを略奪した上、番屋や倉庫を焼いた。

当時、林蔵は東蝦夷地や国後島などの測量を行った後、択捉島での沿岸測量と新道開発を命じられ、幕府の会所が置かれていた紗那を拠点に汗を流していた。会所とは幕府の東蝦夷地直轄化とともに、同じ場所にあった運上屋を改めて会所と称したものだ。

内保を襲ったロシア軍艦二隻は五日後、紗那の沖合に姿を見せた。内保の番屋が襲撃されたとの知らせはすでに紗那に届いていたが、南部兵、津軽兵を中心とした日本の守備隊約三百人は長い太平の世に慣れ、実戦をまったく知らず、満足な訓練さえもしていなかった。

ロシア兵は沖の軍艦からボートに乗り換えて、小銃を手に続々と浜に上陸してきた。時を置かず次々と日本兵が銃弾に倒れて大混乱になった。指揮官であるはずの幕府の留守居である調役下役戸田亦太夫は会所の奥に引きこもり、右往左往するばかり。組織だった抵抗は一切できず、砲弾の大きさもまちまちで大砲は全く役に立たなかった。

戸田ら日本守備隊は、上陸したわずか四十人のロシア兵の前にほとんど戦うこともなく裏山へと逃走した。ロシア兵は蓄えられていた米や酒、武器や武具など奪い、会所や倉庫などの建物を焼き払った。この事件は鎌倉時代の元寇になぞられて当時「露寇」と呼ばれた。

ここに居合わせた林蔵は、そのあまりにぶざまな様に憤慨し、退却に反対して抗戦を主張したが、採用されなかった。林蔵は「自分は同意して逃げるのではないことを証文にしてくれ」と声高に叫び、周囲をあぜんとさせたが、結局逃げるしかなかった。

林蔵らは紗那から約二十キロ西にある留別《るべつ》までの山道を敗走した。この道の建設に林蔵が携わっていたとみられる。しかし完全には開通しておらず林蔵らはやぶの中を進まざるをえなかった。林蔵たちはどれほどみじめな思いで山道を歩いたことだろうか。

戦前、紗那から五キロほど西に有萌《ありもえ》という集落があった。ここで戸田亦太夫は惨敗の責任を取って自害した。かつて有萌には戸田の墓があり、通称「腹切沢」と呼ばれていた。墓碑は、戸田の子孫が事件後に島を訪ねて、最期の地に建てたという。戦前の千島の写真を集めた写真集『懐かしの千島』（国書刊行会）には、この戸田亦太夫の墓の写真が掲載されている。北方四島では日本人の墓地は破壊されることなく、そのまま残されていることが多いため、いまも現地に残っているかもしれない。

事件は幕府に強い衝撃を与え、無様に敗れた守備隊の侍たちはそのあまりのふがいなさに非難を浴びた。下級武士である林蔵にとがめはなかったが、無残な敗北に打ちのめされた。同時にロシアに対する憎しみも残ったことだろう。

林蔵は、友人の弘前藩士山崎半蔵に宛てた手紙に「択捉敗走の仲間と江戸に上がったが、どこにも顔見せできず、千悔万辱の思いだった。討ち死にしなかったことを恨み、悶々とした」と無念の思いをつづった。この屈辱と西洋人に対するコンプレックスは林蔵の心の奥底に沈殿したに違いない。

ロシア軍艦は再びカラフトのアニワ湾に向かい、日本の番屋などを焼き、松前藩や幕府の御用船を捕獲し燃やした。日本では「数百隻のロシア船が蝦夷地を包囲した」とのデマが飛び交い、江戸では古い武具が飛ぶように売れた。日本を揺るがし、近代史の転換点となったペリー来航時のパニックは、半世紀前の「北の黒船」の襲撃時にも起きていた。

幕府は、事件後にロシアがこうした襲撃事件を起こした一因は長崎での非礼にもあると考え、仮にロシア側が再度通商を求めてきた場合、択捉島などでの交易を認めることもやむなしとの判断に傾いた。だが、ロシア側はこれ以降、通商関係を求めることはなく、日露関係の樹立は幕末のプチャーチンの来航まで待つことなる。

フボストフ事件を受けて、幕府は北方の防備に真剣に向かい合わざるをえなくなった。この事件が、四年後にロシア海軍少佐でディアナ号艦長のゴローニンを国後島で捕えるゴローニン事件の遠因にもなる。幕府は当面、カラフト対岸の宗谷の防備を強化することにし、林蔵もその一員に加わることになった。

「宗谷詰めの命を受けて、死所を得た思いだった」と、林蔵は山崎に切羽詰まった気持ちをつづり、名誉挽回の絶好の機会と決意を新たにした。

私たちラッコ調査隊は択捉島を一周して紗那に立ち寄り、市街地を見渡せる高台を訪れた。紗那川が町の中を緩やかに流れて、オホーツク海に注いでいる。フボストフ事件時、目の前に広がる浜にロシア軍は上陸した。浜からそう遠くない場所に幕府の会所があったはずだ。林蔵たちが逃げたのはどの方向だろうかと想像を巡らした。この事件の屈辱こそが林蔵に悲壮な覚悟を決めさせ、カラフトやアムール川調査の原動力になったという点で、紗那は林蔵にとっての運命の地となったのだ。

四　間宮林蔵と伊能忠敬

林蔵の足跡をたどる私の旅は一九九五年一月、林蔵の生誕地である北関東から始まった。サハリンに赴任する直前だった。

茨城県つくばみらい市の間宮林蔵記念館前の林蔵の生家と立像

水田と畑が広がる茨城県つくばみらい市上平柳《かみひらやなぎ》に、一軒のかやぶき屋根の民家が建つ。これが林蔵の生家である。林蔵が生まれた一七八〇年（安永九年）ごろは常陸国筑波郡上平柳と呼ばれた。なお、林蔵の生年は一七七五年（安永四年）との説もあるが、今回は一七八〇年説をとる（viiページの間宮林蔵の生涯年表参照）。

生家の隣は間宮林蔵記念館となっている。裏の土手の向こうには、幼少期の林蔵が遊んだ小貝川が流れ、周辺は刈り取られた水田と畑が広がっている。

言い伝えでは、林蔵の先祖は間宮隼人という名の武士だった。隼人は、小田原の北条氏の家来だったが、一五九〇年（天正十八年）の豊臣秀吉の小田原攻めの際に捕えられた。本来は殺されるところだったが、命だけは助けられて上平柳まで落ち延びて農民となった。一族は、ここで代々暮らし、林蔵は父庄兵衛、母クマの一人息子として生まれた。少年期から利発な子どもだった。

林蔵は十三歳で地元の筑波山の立身窟で、「立身出世」

を祈願した。十六歳の時、小貝川から水田に水を引くための堰止め工事が難航するのを見て、現場の役人に竹を使った効果的なやり方を助言し、その才を認められ、江戸へ上る。林蔵は幕府の測量家村上島之允に師事し、従者として蝦夷地へ渡った。二十歳だった。

箱館（函館）近くの一ノ渡（北斗市）で、林蔵は生涯の師匠となる伊能忠敬と出会う。伊能は史上初めて日本沿岸の実測地図を作った人物として有名だが、当時は全国測量の第一歩となる蝦夷地の測量中だった。

忠敬は、一七四五年に上総国山辺郡小関村（千葉県九十九里町小関）で生まれ、のちに同国香取郡佐原村（千葉県香取市佐原）の伊能家の婿養子に迎えられた。酒造業の家業を立て直し、四十九歳の時に家業を長男景敬に譲り、隠居の身となった。忠敬は江戸へ出て、かねてから志していた天文・暦学を学ぶために幕府天文方高橋至時《よしとき》の門下生となった。至時は三十一歳とはるかに年下だったが、忠敬の熱意に心動かされて、測地術や天文観測を教えた。幕府天文方とは、天体観測によって日本独自の暦を作る重要な役職だった。

忠敬は地球の緯度一度の距離はいったい何キロなのか、という素朴な疑問を持っていた。緯度一度の距離さえわかれば、地球一周の距離は三百六十倍すればよい。天体の観測所も備えた江戸の自宅と浅草にあった至時が勤める暦局の間を歩いて歩測し、その間の距離と緯度の差を基に、緯度一度の距離を計算してみた。

だが、至時からは測量した距離があまりに短すぎ、正確な緯度一度の距離を割り出すには、江戸と蝦夷地ぐらい離れていることが望ましいとたしなめられる。二人は江戸と蝦夷地までを測量し、地球一周の距離を測るという途方もない計画を練った。

江戸時代、幕府の許可なしに国内を測量することは禁じられていた。しかし、ロシアやヨーロッパ諸国が日本に接近しつつあった当時、国防上の理由から正確な日本地図が必要となった。特にロシアが迫る蝦夷地の地図は松前藩が作成した極めて不正確なものしかなかった。

幕府は至時の申し出を認め、忠敬は一八〇〇年六月、内弟子三人と下僕二人を連れて江戸から蝦夷地に向けて出発した。幕府からの資金提供はわずかで、ほとんどが忠敬の自腹だったが、忠敬は意に介さなかった。幕府は、当時はもう老人とされた五十五歳の男の実力をいぶかっていたのだろう。

忠敬は蝦夷地が冬になるまでに測量を行うため、一日に四十キロを歩く強行軍で奥州街道を北上し、わずか二十一日間で津軽半島北端の三厩《みんまや》に到着した。八日間も風待ちした後、ようやく出港したが、風が悪く松前ではなく箱館と松前の間の吉岡(渡島管内福島町吉岡)に上陸することになった。忠敬はこの吉岡から蝦夷地測量を始めた。同時に全国沿岸測量の幕開けともなった。

二〇一八年春、一行の上陸地点に近い吉岡漁港に忠敬の立像が完成した。忠敬の像は東京の富岡八幡宮など全国にあるが、吉岡の忠敬像は、杖の先に羅針儀(方位磁石)を取り付けた測量器具「彎《わん》窠羅鍼《からしん》」を中腰で覗き込む姿で、全国でも例がない。その気迫あふれる姿は蝦夷地測量に懸ける忠敬の意気込みを見事に表現している。また、夜景で有名な函館山には忠敬がここに登り、測量を実施したことを伝えるプレートも残る。

　忠敬は吉岡から箱館、噴火湾に沿って東に向かい、日高を通って襟裳岬を経てニシベツ（根室管内別海町西別）までを測量した。当時、東蝦夷地と呼ばれた北海道の南側半分に相当した。江戸からの距離は往復約三千二百キロ、百八十日間をかけた測量となった。忠敬は江戸に戻ってまもなく、東蝦夷地の地図（大図十枚。小図一枚）を作成し、幕府に提出した。幕閣はその出来栄えに感嘆した。忠敬は残る西蝦夷地と国後、択捉、得撫など千島の測量を幕府に上申したが、幕府はこれを認めず、関東や東北など東日本の地図作成を命じた。以降、幕府の事業として本州や四国、九州の測量を実施することになり、忠敬はこの壮大な事業に残る生涯を捧げた。忠敬が測量できなかった西蝦夷地や国後、択捉島の測量は弟子の間宮林蔵が引き継ぐことになった。忠敬と林蔵の師弟関係は生涯続き、伊能図の北海道部分には林蔵が大きく貢献した。北海道の東蝦夷地は忠敬によって、西蝦夷地は林蔵によるとされていたが、近年、伊能忠敬研究会によって、東蝦夷地の地図も林蔵の測量結果によって修正していることが判明し、北海道全域が林蔵の測量を基に作図しているとの研究結果が発表された。忠敬は自らの蝦夷地測量の不備な点を認識し、信頼する弟子の林蔵の測量を採用したのだ。

　後に一八〇八年から翌年にかけてのカラフトとアムール川下流域の調査を終えた林蔵は、忠敬の元を訪れて、天体観測による緯度測量法や測量器具の使用方法を学んでいる。これより後、忠敬は林蔵に西蝦夷地の測量を委ねることを伝えたとみられる。林蔵は測量の空白地帯となっている西蝦夷地や忠敬の測量が不十分だった地域を自らの足で埋めた。

忠敬は林蔵の求めに応じて、漢文の「間宮倫宗に贈る序」を贈った。倫宗《ともむね》は林蔵が江戸に上がる際に名付けられた別名だ。こうした意味である。

「幕府は君のカラフト、満州探検の功績を賞するとともに、再び蝦夷地の測量を命じた。君の赴くところは食料も乏しく寒冷な異民族の土地である。行け、林蔵よ、職務を立派に遂行して国家のために尽くさんことを祈る」

忠敬は国にとっての地図の戦略的な重要性を熟知していた。林蔵も師の言葉を胸に刻み、困難な測量に励んだ。

国家事業となった日本沿岸の測量では、幕府から全国の各藩に指示が出され、多数の領民が協力した。忠敬は、各地で天測も実施して緯度一度は二十八・二里（百十一キロ）と割り出した。最新の数値と比較しても誤差は千分の一程度という正確さだった。

第一回の蝦夷地測量から十七年をかけて、全二百十四枚を合わせると縦三十五メートル、横六十メートルに達する、精密な日本地図「大日本沿海輿地全図」（通称伊能図・大図）が完成した。縮尺が異なる中図と小図も作成された。その陰には、忠敬の師である至時の学問的な指導と幕府との交渉、観測機器の作製などの助言があり、両者を「近代日本地図の父母」とする人もいる。二人の墓は東京都台東区の源空寺に並んで建つ。「師のそばに葬ってほしい」との忠敬の遺言だった。二つの墓は、天文観測と地図作りに人生を捧げた師弟の深い絆を物語る。

後にシーボルトやペリーは伊能図を見て、その出来栄えに驚嘆した。明治期、刊行された日本地図は伊能図を基にし、一世紀以上も使われて、まさに国の基盤となった。日本史に残る実測による初の日本地図は、忠敬の執念と林蔵ら数多くの優秀な弟子たちによる共同作業であり、汗と努力の結晶である。

五　決意を語る生前墓

フボストフ事件後、林蔵は一八〇七年暮れ、北関東の地から宗谷へと旅立った。測量道具など装備もかなりの重さになったはずだが、林蔵は松前までわずか二十一日間で到達したという。林蔵は驚異的な脚力を持っていた。

故郷の間宮林蔵記念館には、林蔵が実際に使った測量用の鎖、太陽観察用の特殊ガラスなどの測量道具のほか、防寒頭巾《ずきん》や毛布代わりの厚手の「蝦夷布」が展示されている。現代の寒冷地用装備とは比較もできないみすぼらしさ。この程度の装備では、氷点下二十〜三十度に達するカラフトの冬はさぞやつらかったことだろう。

館内には、つなぎ合わせると全長十四メートルになる七枚組のカラフト地図「北蝦夷島地図」（複製）が掲げられている。林蔵が実際に歩いたカラフト沿岸、アムール川河口周辺部などの形は現在の地図とほぼ同じであることが一目瞭然だ。

林蔵の測量法は、自らの歩数を基にしている。舟に乗っている場合は目視によって距離を推測すると同時に、弯窠羅鍼によって方位を計測しながら補正し、地図上の線を少しずつ伸ばしていくという進む方法で、「導線法」と呼ばれる。忠敬の測量法と基本は同じである。

林蔵像の前でルプロワの思い出を語る子孫の間宮正孝さん

林蔵が実際に使った弯窠羅鍼も、忠敬から譲られたもので、斜面でも水平を保つ優れたものだった。忠敬の場合は随行の弟子もいたので、距離や方位を測るのにも手助けしてくれたが、林蔵の場合、同行のアイヌが補助してくれたほかは専門知識がある助手はおらず、事実上単独の仕事となったはずだ。林蔵は手抜きをすることなく、根気強く地道な測量を続けて、カラフトや北海道の精巧な地図を作り上げた。

ルプロワの現地取材前に同記念館を再び訪れて、林蔵から数えて八代目となる間宮正孝さんと会った。なお、林蔵には和人との間の子孫はおらず、死後、養子が迎えられて、現在は茨城県と東京に二つの間宮家がある。

正孝さんはかつて訪ねたルプロワを思い出し、「村や海峡周辺の風景は、林蔵が描いた絵の通りなので驚いた。二百年後でもほとんど変わっていなかった」と振り返った。正孝さんは「アムール川の先住民たちも、強引に毛皮を取り立てるロシア人に痛めつけられていた。だから自分たちと顔立ちが似た林蔵を仲間だと思い、協力してくれたのではないでしょうか。交通の便も良くないこの記念館に、北海道や九州の人も来館してくれる。領土や防衛問題がクローズアップされて、マスコミが林蔵を取り上げてくれる機会も多く、その業績が再評価されていると思う」と語った。

地元では、間宮海峡発見二百年に当たった二〇〇九年に盛大な記念法要が行われた。稚内の田上俊三さんが造った林蔵ゆかりのサンタン船の復元船も運ばれて、川に浮かべられ、市民に公開された。記念館には全国各地から毎年約一万人が来館し、林蔵の遺品や作製した地図を見て、その苦難の旅に思いをはせる。

同記念館前に保存されている、かやぶき屋根の林蔵の生家は、林蔵が暮らしていた当時、五十メートルほど離れた場所にあったものを移築したという。土間に立ち、林蔵少年の夢を思った。きっと先祖のような侍となることを願っていたのではないだろうか。その道が、北方であり、命がけの測量であったのであろう。記念館近くの専称寺には林蔵の墓がある。横には明治時代の地理学者志賀重昂（札幌農学校卒）が筆をとった顕彰碑が建つ。後に志賀は、サハリン北緯五〇度の日露国境線の目印として、菊の御紋章とロシアの国章双頭の鷲を彫り込んだ国境標石のアイデアを提案した人物とされ、標石の設置時にわざわざ北緯五〇度線の工事現場を訪れている。樺太の大先達である林蔵を尊敬していたという。

林蔵が没した東京都江東区にも墓があるが、専称寺の墓は林蔵がカラフトに向かう直前に、林蔵自身が建てたものと伝わっている。高さ約五十センチ、表には「間宮林蔵墓」とだけ彫られ、旅の途中で倒れることも考えて用意したとされる。質素で目立たぬ生前墓は、林蔵の覚悟を雄弁に物語っている。

記念館近くにある専称寺の間宮林蔵の墓

第三章

宗谷海峡を越えて

再起かけ、決意のカラフト行

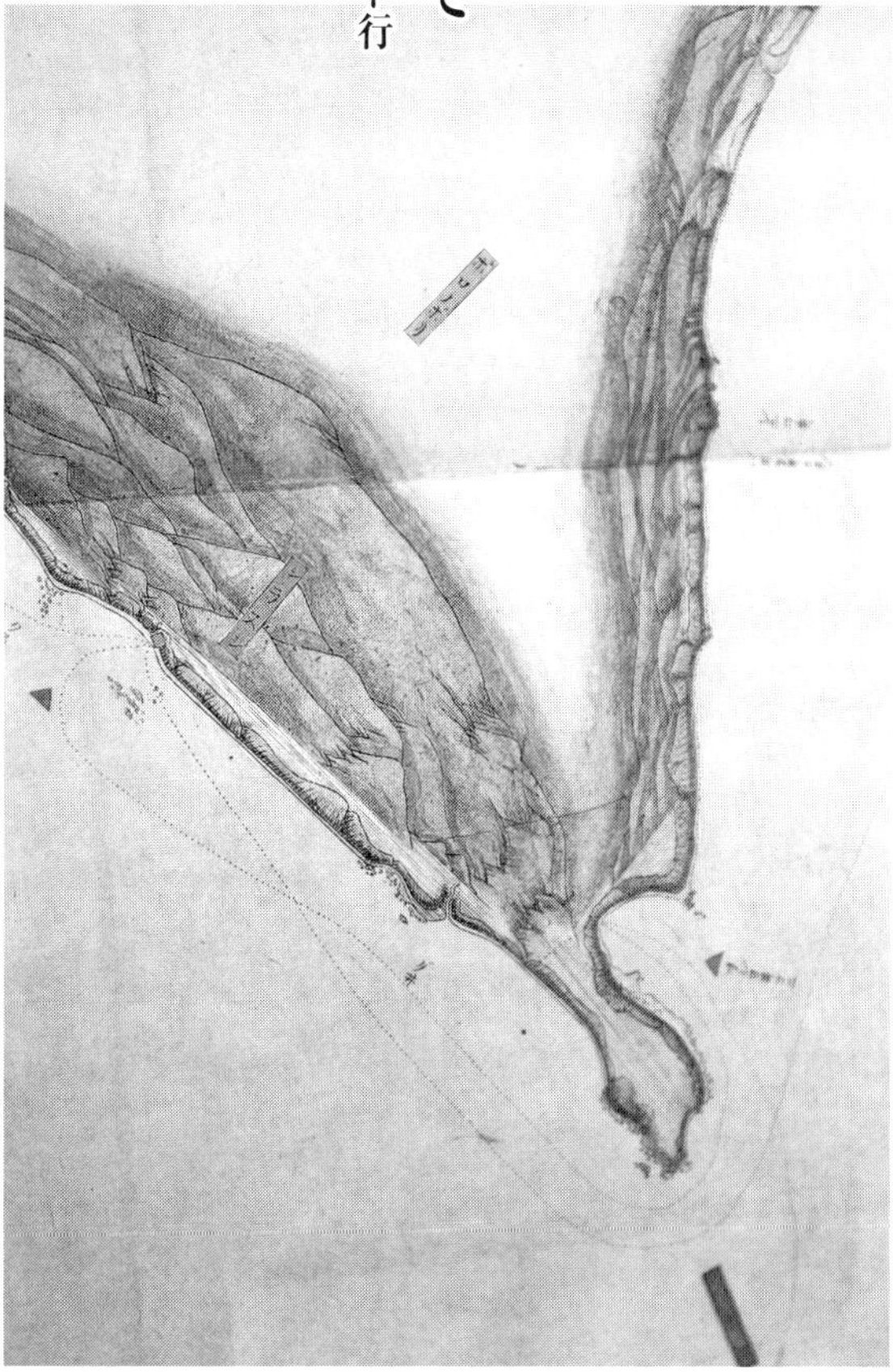

間宮林蔵による宗谷岬対岸の西能登呂岬の地図

相原秀起の取材ルート

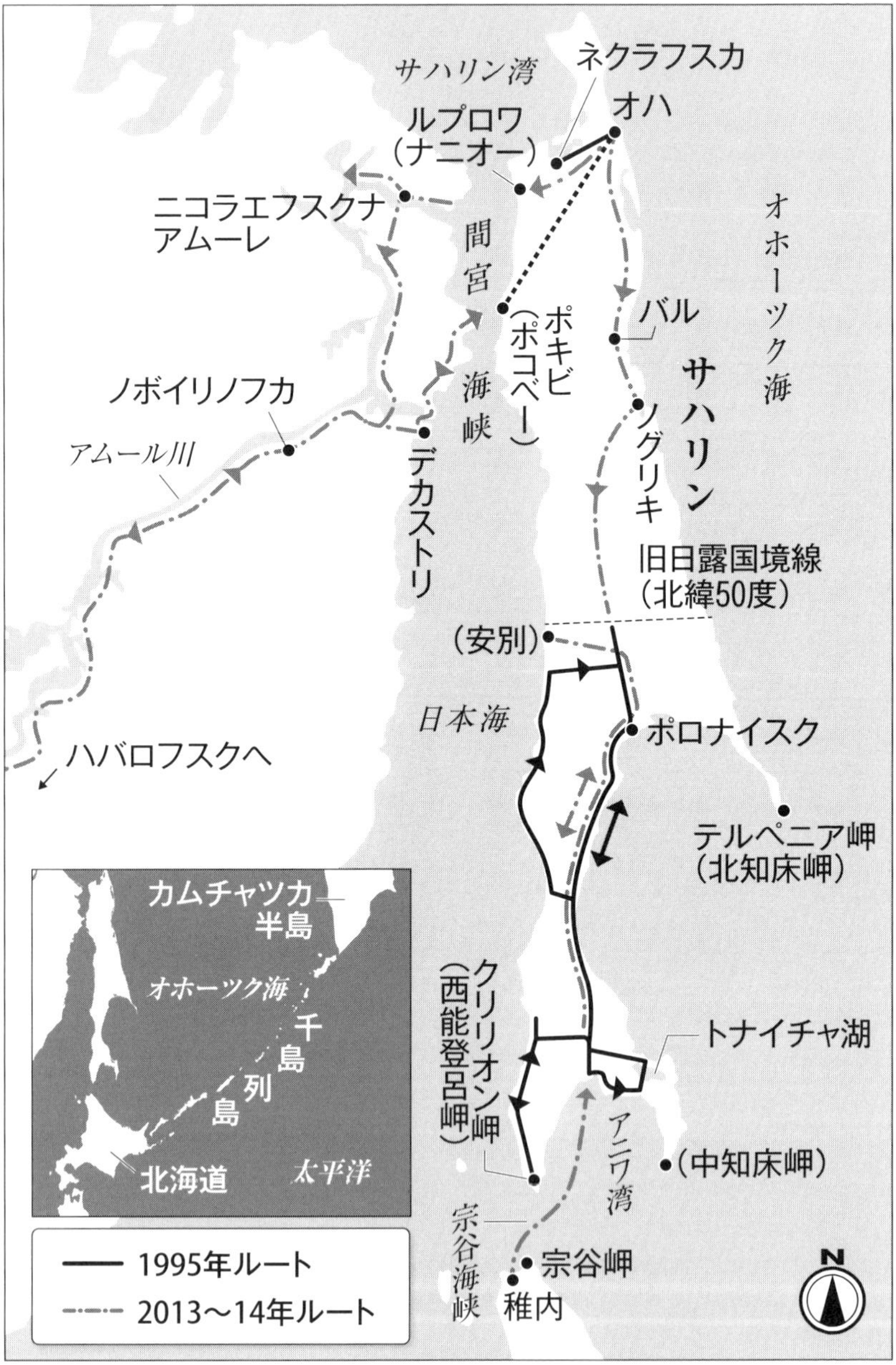
サハリン湾
ネクラフスカ
オハ
ルプロワ
（ナニオー）
ニコラエフスクナアムーレ
間宮海峡
オホーツク海
ポキビ
（ポコベー）
バル
サハリン
ノボイリノフカ
アムール川
デカストリ
ノグリキ
旧日露国境線
（北緯50度）
（安別）
日本海
ポロナイスク
ハバロフスクへ
テルペニア岬
（北知床岬）
カムチャツカ半島
オホーツク海
千島列島
北海道
太平洋
クリリオン岬
（西能登呂岬）
トナイチャ湖
アニワ湾
（中知床岬）
宗谷海峡
宗谷岬
稚内
1995年ルート
2013～14年ルート
N

一　出発の地・宗谷岬

日本本土の最北端の地として、観光客でにぎわう稚内市の宗谷岬。間宮林蔵のブロンズ像が建つ。その視線は北に向けられ、宗谷海峡の向こう、サハリン（カラフト）を見つめている。林蔵生誕二百年を記念して一九七五年に建てられた。岬から稚内側にやや離れた場所に「間宮林蔵渡樺出港の地」と彫られた人の背丈ほどの石碑がある。訪れる観光客は少ないが、ここは林蔵がカラフトへ旅立った場所だった。碑の隣には林蔵にゆかりある御影石が置かれている。石には宗谷アイヌの柏木ベンさんの名でこう刻まれている。

「此地は吾が祖先の樺太逓送を行える地なり　間宮林蔵の渡樺を記念し石標を建て部落のすべてが毎年の祭を行えり　此石は当時をしのぶ唯一のもの也」

相原秀起の取材年表

1985年（昭和60）	北大卒。北海道新聞社に入社
91年（平成３）	根室支局勤務
92年	ビザなし交流で北方領土の国後，択捉，歯舞，色丹島を訪問
95年	サハリン駐在。間宮海峡や白主，北緯50度線などサハリン各地を取材
99年	択捉島でラッコ調査。全島を一周
2001年	色丹島で海鳥と高山植物調査
13年	北サハリンや間宮海峡などを取材
14年	ルプロワやアムール川流域取材
15年	北海道新聞夕刊で『極東　はるかなる旅人　林蔵の道』連載（10回）

宗谷岬近くに残る間宮林蔵渡樺の碑と宗谷アイヌが建立した林蔵ゆかりの石碑

稚内市間宮林蔵顕彰会の田上俊三会長(故人)によると、祭りは林蔵の帰還を祝って始まり、明治初めまで続いたという。

稚内には稚内市間宮林蔵顕彰会があり、市のゆるキャラは林蔵をイメージしたかわいらしい「りんぞうくん」だ。間宮海峡発見二百年の二〇〇九年には、生誕地のつくばみらい市のほか、稚内市でも盛大に林蔵まつりが開催された。二〇一八年まで稚内とサハリンのコルサコフ(大泊)間を結ぶ定期フェリーが春から秋まで運航され、約五時間で北海道とサハリンとを結んでいた。戦前、稚内と大泊間の連絡船は稚泊航路と呼ばれて亜庭丸などの豪華船が就航していた伝統の航路だった。稚内港の古代ローマの建築物を連想させる太い円柱が建つ北防波堤は当時の名残である。

コルサコフとの間で定期フェリー「アインス宗谷」が運航されていた二〇〇〇年代、私は幾度も利用したが、稚内港を出て海風に吹かれながら北へと向かう旅は、何ともいえぬ旅情があった。この宗谷海峡を越えて林蔵も一八〇八年(文化五年)五月、カラフトへと向かったのだ。

宗谷岬に建つ間宮林蔵の像

択捉島などが襲われたフボストフ事件(一八〇六～〇七年)を受けて、幕府は宗谷の防備を固める一方、不明だったカラフトの調査を決めた。幕府はアイヌの人々が暮らす蝦夷地は日本との認識だったが、北カラフトや山丹と呼ばれたアムール川下流域の地理や民族、満州との国境もよくわからず、ロシアがどの範囲までその勢力を伸ばしているかを調べることは喫緊の課題であった。

近藤重蔵や最上徳内らを千島に派遣したような大規模な隊ではなく、幕府は派遣する者を「身分の軽き者一両人（一二人）」とした。カラフトの状況は不明な点が多く、万が一失敗した場合の体面を考えたためだろう。だが、林蔵にとっては隊の規模などは眼中にはなかったはずだ。逆に少人数の方が自らの力を思う存分に発揮できる絶好の機会と内心喜んでいたのではないだろうか。

林蔵と松田伝十郎に白羽の矢が立った。

松田は林蔵と似た経歴の持ち主だった。越後の農家の生まれで、一七八二年に江戸に出て、御小人目付松田伝十郎の養子となる（初名は仁三郎）。東蝦夷地が幕府の直轄地となると、蝦夷御用掛となり、アツケシ（釧路管内厚岸町）やアブタ（胆振管内洞爺湖町）、エトモ（室蘭市）を巡り、江戸に戻った。一八〇三年に蝦夷地を管轄する箱館奉行の配下となり、択捉詰めを命じられて、択捉島で越冬。江戸に戻り、蝦夷地の産物の売りさばきを受け持った後、ロシア軍艦の襲撃事件によって大騒ぎが起きている中、津軽藩士三十人を連れて宗谷へと向かった。松田は亡くなった養父の名前伝十郎を継いだ。カラフト調査を行うことになった時は宗谷で越冬中だった。

林蔵とともにカラフト調査から戻った後の一八〇九年、松田はカラフト担当者となり、現地で得た知識を生かしてカラフト行政の責任者として問題が多かった山丹交易の改革などを行った。当時、アイヌの中にはニブフから多くの借財をして、そのかたとして連れ去られたりする者もおり、それら借財を肩代わりして一括精算をしたのも伝十郎だった。後にゴローニン事件が起きて、釈放されたゴローニン一行を松前から箱館に護送したときの護送隊長も務めた。

一八〇八年五月(文化五年四月)、林蔵と伝十郎が宗谷を出発する日が来た。林蔵は「成功するまでは死んでも帰らぬ覚悟だ。いくら難儀しても自分だけは異国に残り、そこの土になるか、異国人になるまで頑張り抜く。したがって再会は期し難い」と、悲壮な覚悟を友人の山崎半蔵に書き残した。松田も召使いに「難渋の見聞であるから決死の覚悟で行く。もし帰らぬ時は、宗谷出発の日を忌日と定めるよう家族に伝えよ」との遺言を残した。

早春の五月八日、二人は宗谷から図合船《ずあいぶね》で宗谷海峡を越えた。その日のうちに約四十キロ先のカラフト南端の西能登呂岬近くのシラヌシ(白主)に到着した。

国立公文書館には林蔵が作成したカラフトの地図が保管され、複製を見ることができる。この「北蝦夷西海岸図」をよく見てみると、林蔵はルートを点線で示しており、宗谷から西能登呂岬の東側の入江に一度入り、岬をかわして白主に入っていることがわかる(第三章の扉の地図参照)。アイヌ語の地名も克明に記し、沿岸部の山の名前なども書き込んでいる。

二　白主への道

白主(クリリオン)を訪ねたのはサハリンのユジノサハリンスク駐在中の一九九五年七月だった(第四章の扉裏の南カラフト地図参照)。ソ連崩壊から四年後。当時、クリリオン岬(西能登呂岬)にはロシア国境警備隊が駐屯し、外国人の立ち入りを規制していた。周辺地域にはサケ・マス漁の時期以外には住民はいない。戦後に岬まで行った日本人は北海道開拓記念館（現北海道博物館）の研究者ら数人という時代だった。何とか取材許可を得て、四輪駆動のワゴン車でユジノサハリンスクを出発した。同行したのは、私と支局助手のジェーニャ、サハリン州郷土博物館のワレリー・シュービン副館長とロシア人運転手の四人。テントや食料品、車が埋まった場合に備えての手動のウインチ、スコップなどを積み込んだ。

西海岸のホルムスク（真岡）からネベリスク（本斗）を過ぎ、シェブニノ（南名好）から先はもう道は途切れ途切れとなり、砂浜を走ることもあった。何カ所か小川を強引に横切った。木造の橋の穴に板切れを渡して、何とか渡り切った。途中にあった国境警備隊の検問所も許可証を示して無事に通過した。道とは言っても草地にわずかにわだちがある程度だ。車は立ち往生を繰り返し、何度も押して脱出させた。普通のワゴン車ではやはり無謀だったと後悔したが後の祭りだった。

途中、奇妙な恰好をした岬が海に突き出ていた。頂上部が平坦でまるで金床のようだ。ウエンチシ（遠知志）の岬だった。シュービンさんは「この頂上には遺跡があるのです。行ってみますか」と誘ってくれたが、そんな余裕はもうなかった。

林蔵の地図にも頂上部が平らな岬の形状が書き込まれ、「ウエンチシ」と地名が記されている。地図では岬の沖を舟で通過したことを示す点線が続いており、林蔵は舟の上から見たらしい。周辺の地名も、北から「ヲトールイシヨカベルシ」「チチヤツケナヰボ」「ウエンチシ」「オンヨロコ

間宮林蔵や松浦武四郎が記録したウエンチシの岬

ツ」などと記録している。松浦武四郎もカラフトにも足跡を残したが、武四郎の野帳にも特徴あるこの岬がスケッチされている。ウエンチシの岬は当時のランドマークだったのだろう。

太陽は日本海に没しようとしていた。もうこれ以上進むのは止めて、日本時代には宗仁村があった辺りで野営することにした。テントを張り、たき火をして山用の鍋でシチューを煮た。ラジオをつけると日本のナイター放送がよく聞こえる。日本はすぐ先なのだ。遠くからトドの咆哮が聞こえる。宗仁岬の岩礁にはトドの群れが上陸していた。

宗仁岬の山道は最大の難所だった。戦前はバスが運行されていたらしいが、戦後、補修工事などは一切行われておらず、大きな穴があちこちに開き、崖が崩れた場所もあった。ワゴン車が斜面から転げ落ちそうになる場面もあったが、運転手のアクロバット的なテクニックが冴えてなんとか乗り越えた。私には奇跡に思えた。

シュービンさんが「北海道にはこんな道はありますか」と尋ねた。「残念ですがありません」と答えると、「それじゃあ、北海道のドライブはあまりおもしろくありませんね」と笑顔を返した。ロシア人と一緒に旅して思うことは、実に粘り強く、ユーモアを忘れない人が多いという点だ。秀逸なアネクドート（小話）を愛する国民で、義理人情を大切にする人も多い。それが楽しい。ソ連時代の厳しい生活を忍耐とユーモアの精神で乗り切ってきたのだろう。

宗仁岬を突破すると浜に出た。砂浜には赤さびた座礁船が無残な姿をさらし、草地には旧ソ連軍の戦車が放置されていた。

ようやく白主に着いたが、背丈ほどの草地が広がり、日本時代の水産加工場の煙突が見えるだけで住民の姿や家屋はなかった。草地の奥に白い大きなベルが載った碑があった。若い男の顔写真を写した鉄板のパネルが埋め込まれていた。

ロシア語で墓碑銘が刻まれていた。

「ムゲール・マチェホシャン　一九七〇年十月五日―一九九〇年十月五日」

クリリオンにはゴルバチョフによるペレストロイカ直前まで戦車連隊が駐屯しており、この二十歳の男はこの地で死んだアルメニア人の兵士だった。墓は故郷からはるか遠くのこの地で死んだ息子のために両親が造ったものという。

がっちりとしたコンクリート製の四角い基礎部は、元々は日本時代の「開島記念塔」の台座部分で、塔は旧ソ連時代に破壊されていた。その写真は樺太終戦史などに掲載されているが、円柱形で尖った塔の先端には★のマークが付いていた。戦前、白主には漁民の家が並び、コンブ漁などで生計を立てていた。林蔵や伝十郎が来た当時の会所の痕跡などは見当たらなかった。

上：クリリオンの近くに放置されたソ連軍戦車
下：クリリオンに残るアルメニア人兵士の墓

江戸時代、白主は日本のカラフト経営の拠点で、松前藩の会所が置かれていた。中国渡来の絹織物「蝦夷錦」を代表とする物産を手にしたニブフなどの北方先住民がここまで交易のためやってきていた。蝦夷錦はさらに宗

林蔵の『北蝦夷図説』に残された白主土城の絵

谷海峡を越えて松前へと渡った。松前からは日本海に沿って、鰊糟や昆布などの蝦夷地の物産とともに北前船によって大阪に運ばれた。豪華な蝦夷錦は、僧侶の袈裟《けさ》や袱紗《ふくさ》などとして愛用された。

白主の近くにユニークな形の城があるとシュービンさんが教えてくれた。コの字形に土を盛った大規模な「白主土城」である。シュービンさんの説明では、土盛りの一部開いた部分が門という。「この城はモンゴルが築いた城とのことです」とシュービンさんは続けた。

林蔵も『北蝦夷図説』の中でこう記す。

「シラヌシから約一里の東海岸に砦の旧跡がある。アイヌはチャシと呼ぶ。三面に堤を築き、前一方だけ堤を築いていない。およそ二十四、五間(四十四、五メートル)ほどに見える。いつだれが造ったのかわからない」(相原訳)と、海から見た白主土城の絵を添えて紹介している。

現在では十三世紀ごろに元が建設した城との説が有力だ。

クリリオン岬は目の前だ。日本時代に建てられた西能登呂岬灯台と国境警備隊の兵舎にカメラを向けていると、ジェーニャが真剣な表情で「やめた方がいいですよ。向こうから望遠鏡で見ているかもしれない。見つかったら絶対にトラブルになる」と忠告するので、思わずカメラを後ろに隠した。

二〇一三年秋、札幌在住の会社社長対馬雅弘さんらのグループがクリリオン岬を訪ねた。岬までの悪路は相変わらずだったが、ロシア国境警備隊はすでに岬から去り、岬の先端からは四十キロ先の稚内に建つ発電用風車が見えたという。

三　トナイチャ湖横断

白主で林蔵と伝十郎は分かれて、林蔵は東海岸、松田が西海岸を受け持った。林蔵はアイヌの案内人や舟のこぎ手とともにアニワ湾に沿って東へと進んだ。

林蔵はアニワ湾からトナイチャ湖に出るまでの行程を詳しく記している。

「四月二十二日（一八〇八年五月十七日）、ポントー川からポントー沼に入り、さらにホロトー沼をおおよそ二里十丁（約九キロ）進み、チベシャニに着いた。ここからニマムクシベツ川まで一里ほ

ど舟を引いて陸を歩き、宿泊した。ここから舟で下り、トナイチャ湖に出た」（『北蝦夷図説』、相原訳）

このポントー沼とホロトー沼が現在のどの湖なのかははっきりとはわかっていない。しかし、二つの沼の間を舟で行ったことやホロトー沼の大きさなどから、シュービンさんはポントー沼がブッセ湖（遠淵湖）、ホロトー沼が、ブッセ湖と細い水路でつながるババイスコエ湖（和愛《わあい》湖）とみている。

林蔵は「トナイチャ湖は、タライカ（多来加）湖と並ぶ島内の大きい湖で、周囲はおよそ十二、三里（約五十キロ）あり、東西に長く、南北に狭い。その四方を丘が取り囲み、湖面には小さな島が点在する。海岸線からそう遠くはないのだが、湖水には塩気が少ない。湖には雑魚しかおらず、これといった魚はいない」（同、相原訳）と記録している。

林蔵が旅したのと同じ五月、林蔵が通過したとみられるルートをたどった。シュービンさんとジェーニャと一緒に組み立て式のファルトボート二艘に分乗して、ブッセ湖を横断し、トナイチャ湖へと向かった。まだ至るところに雪が残るが、沢辺には行者ニンニクが芽吹き、山吹色のフクジュソウが咲いていた。湖の周辺はうっそうとした針葉樹の森が広がり、その中でテントを張った。夜中、森には深い闇が広がり、梢の向こうには満天の空がのぞいていた。周囲にはシマフクロウも生息する。

翌日、ファルトボートでトナイチャ湖を渡った。およそ五キロほどだ。湖水の真ん中で風が出て波が立ち始めた。湖水はまだ冷たく、ボートが転覆しないかひやひやしながらどうにか渡り切った。

トナイチャ湖をファルトボートで漕ぎ渡る筆者

トナイチャ湖は日本時代、国内で五番目の大きな湖で、一部がオホーツク海とつながる汽水湖である。確かに林蔵が記すように湖水には塩気は感じられなかった。

湖では道内では幻の魚となりつつあるイトウのほか、冬にはニシンが釣れる。二〇一三年二月、結氷した湖をスノーモービルで渡り、ワカサギ用のドリルで氷に穴をあけて糸を垂らした。氷の厚さは約三十センチほどだ。早朝は食いがよいそうで、近くのロシア人夫婦は百匹近いニシンを釣り上げていた。私とジェーニャも糸を垂れ、二十匹ほどを釣り上げた。魚体は二十センチほどで、銀鱗が春の日差しを弾いて銀色に輝く。刺身にしようというと、ジェーニャは「以前、ニシンを刺身にした友人がひどい腹痛になったんです。本当に大丈夫ですか」と及び腰だ。ニシンは確かに傷みが早いが、新鮮なものならば何の問題もない。うろこを落として三枚におろした。刺身は甘みがあり、しょう油に七色の膜が広がるほど脂もたっぷり、堪えられない味だった。

林蔵はトナイチャ湖からオホーツク海の沿岸を北上した。途中で林蔵は一つの山をスケッチ付で紹介している。山の名前は「トッショカウッシリ」。戦前の日本時代、突阻山《とっそ》と呼ばれていた。現在のブズモリエ(白浦)より約二十キロ北にある。山頂付近は岩場となっており、春には高山植物が咲く。戦前の日本時代にはお宮があり、参拝客もいたという。林蔵は「島内の名山奇峰と称すべし」としているが、その山容は印象的だ。現在、道は山の西側を迂回するルートで、鉄道も同じように山の西側を車道と並行して走る。

林蔵はタライカ湖(多来加湖)を経て、細い北知床半島を横切って東北沿岸に出たが、そこから先の海は波が高く、荷物を積んだアイヌの小舟での北上は諦めざるを得なかった。林蔵は途中まで戻り、カラフトが最も狭まる地点、現在のブズモリエからイリインスキー(久春内《くしゅんない》)へ島を横断するルートを通り、西海岸へと出た。現在も、東海岸と西海岸を結ぶ幹線道路となっており、途中で小さな峠を越える。当然ながら林蔵が訪ねた時代、道路はなく、林蔵と同行のアイヌはきっと踏み分け道を西へと向かったのだろう。カラフトの地理に詳しいアイヌの人々が案内してくれたに違いない。

四　北緯五〇度の旧国境線に立つ

サハリンのほぼ中央、北緯五〇度線には終戦まで日本とロシア（ソ連）の国境線が引かれていた。日露戦争（一九〇四～〇五年）によってサハリンの南半分が日本に割譲されたためだ。日本の歴史上唯一の陸上国境でもあった。

戦前、日本の版図にあり、帝政ロシア（ソ連）や清（中華民国）と接していた朝鮮は日本の植民地であり、ソ連の影響下にあったモンゴルとの間での国境紛争ノモンハン事件が起きた満州は日本の傀儡政権だった。両地域の長大な境界ラインは、日本から見れば事実上の国境線ともいえるが、日本と諸外国の間で結ばれた条約による国境ではない。正式な陸上の国境線は樺太の北緯五〇度線だけである。陸上ではないが、現在の北方領土周辺水域にも、日本人が勝手に立ち入ることができない事実上の〝国境線〟があるわけだが、日本政府は「日ロ中間ライン」と呼び、正式な両国の国境ではない。正式な国境が定められるのは日ロ両国が平和条約を締結して、国境線を画定したときである。

終戦直前の八月十一日、この樺太の国境線からソ連軍は南樺太へ本格的な侵攻を開始し、激しい地上戦に巻き込まれて、多くの日本人が犠牲になった。

サハリン駐在時代から幾度となく北緯五〇度線を訪ねた。現在はオホーツク海沿岸を走る主要幹

西端に残された4号標石の台座

線はポロナイスク（敷香）まではほぼ舗装され、ユジノサハリンスクから旧国境線までは車で約六時間ほどだ。ソ連時代に作られた対日戦勝記念碑があり、裏手には国境標石第三号が置かれた台座が残っている。一九三八年（昭和十三年）に女優岡田嘉子と愛人の杉本良吉がソ連へと越境亡命した事件の現場でもある。

北緯五〇度線までの旅で強く印象に残るのは日本海側から岡本峠を越えたときだった。ブズモリエから峠を越えて、西海岸のイリインスキー、クラスゴルスク（珍内）、ウグレゴルスク（恵須取《えすとる》）を経て、ボシニャコボ（西柵丹）まで日本海に沿って北上した。このルートは林蔵が一八〇八年と翌〇九年にたどったものと同じである。ボシニャコボから先はもう沿岸の

北緯 50 度線の旧日露国境線の

道はなく、内陸へと入る。その先に岡本峠はあった。

この日本時代に造られた峠道を通過したのは一九九五年九月。木造の橋はあちこちで崩れ落ち、四輪駆動車で川を渡るしかなかった。しかし、川の水量は大雨で増えてとても渡れそうになかった。偶然に通りかかった木材運搬用のキャタピラ車の運転手と交渉して、車をけん引してもらうことにした。太いロープで取材車と結び、強引に川を渡る作戦だ。途中で激しい流れに車体が流されそうにもなったが、さすがにキャタピラ車のけん引力は強く、計三回の渡渉に成功。約四十キロにわたる悪路を突破してスミルヌイフ(気屯)に着いた。

北緯五〇度線の西端に立ったのは、十

八年後の二〇一三年八月だった。日本時代は安別という村があったが、現在住民はいない。この村を見下ろす丘に国境標石第四号が置かれて、安別はロシア(ソ連)と接する国境の村として有名だった。北原白秋をはじめ、数多くの人々が船で「国境見物」に訪れ、記念写真がいくつも残されている。

取材時は安別より約十キロ北のピレオ村から漁民のボートに乗せてもらい、安別の浜に到着した。国境標石が置かれていた場所は、持参していた戦前の地形図からすぐにわかった。草が生い茂る急斜面を登り、目的地までたどり着いた。すでに標石は持ち去られていたが、標石が載っていた台座は残っていた。

西に目を向けると紺碧の日本海が広がり、海岸線が伸びている。はるか遠くに旧安別炭鉱の煙突が見えた。空気が澄む秋ならば大陸も見えることだろう。林蔵もこの場所を通過しているが、周辺の地名として「リヨナイ」と「ショーヤ」が記録されている。ショーヤが安別付近とみられる。林蔵がこの地で泊まったのは一八〇八年七月のことだった。

五　間宮海峡最狭部へ

一九九五年四月、林蔵のはるかなる旅路を追う、サハリンでのスタート地点は間宮海峡が最も狭まるサハリン側の寒村ポキビだった。島北部の拠点都市オハから貨客用の大型ヘリに乗り込んだ。

ヘリは一時間半ほどで針葉樹林帯やトナカイの群れを眼下に飛び、ポキビ村に着陸した。四月とは名ばかりで春はまだ遠く地吹雪が舞う。村には木造の廃屋が並び、当時の住民は十一人。数軒の家に人々は暮らしていた。もちろんホテルなどはなく、一軒の民家に泊めてもらった。ポキビは林蔵の地図にあるポコベーに当たる。

バッグには、高級ウオツカ「アブソリュート」が六本入っていた。ジェーニャが「やっぱりこれ。この酒ですよ」と勧めた酒だった。当時、サハリンでは地元産の粗悪なウオツカが出回り、やたらとのどをひりひりとさせて、翌日にはつらい二日酔いが待っていた。何度も痛い目に遭っていたので、なるべくウオツカは飲まないようにしていた。アブソリュートは北欧スウェーデン産の酒で、もちろん度数は四〇度以上あるが品質は保証付きだった。

ポキビ村の取材ではアブソリュートが絶大な効果を発揮した。宴会場となった民家のテーブルの上には、さっそくウオツカ六本が並び、村民たちは満面の笑顔を浮かべて、何度も乾杯した。宴会は夜遅くまで続いた。こうなれば取材は半分以上終わったのも同然だ。

サハリンではポキビのようにホテルがないような場所も多い。夏はテントに泊まることも珍しくない。一夜の宿や食事、水を提供してもらったり、道案内を頼むこともある。地元の人々の手助けがなければサハリンの僻地での旅はできない。その中で必ず新しい発見があり、出会いがあり、喜びがある。尊敬するある先輩記者は「ロシアの良さは都会ではわからない。田舎に行ってこそ初めてわかる」と言ったが、まさに至言である。

事前に詳しい情報が入手できない場所も珍しくない。特に地方はそうだ。逆に言えば、その方がおもしろい。最初からすべてわかっているのなら、わざわざ行くこともないだろう。現地に行ってから人づてに情報を得て最善の方法を探すのがロシアの取材だ。

「兄弟よ。頼むぞ」と私が声を掛けると、ジェーニャは「頑張ってみますが、とにかく現場に行ってからですよ」と言葉を返す。現地に入って情報を得て進めましょうということだ。こちらはジェーニャに託すしかないが、彼の最大の強みは、この現場力にある。アウトドアにも強い。地方に行ってもたいていは誰か頼りになる人を探して、何とかしてしまう。人柄の良さはもちろん長年の蓄積や人脈もある頼れる相棒なのだ。

取材で一番重要なのは現地に詳しく、力になってくれる人を探すことにある。林蔵も間宮海峡近くのニブフの村ノテトで、コーニという人格者の村長にかわいがられて探検を続けることができた。もしも、コーニという良き理解者がいなかったら、アムール川の交易地デレンには決して行けなかっただろう。新聞記者の仕事も地元の協力が不可欠という点ではさほど変わらない。

林蔵が訪ねた一八〇九年、ノテトにはニブフの民家三軒があり、約六十人が暮らしていた（第二章の扉の地図参照）。うち二人はアイヌだった。ナニオーから引き返した林蔵は、コーニから「ロシアとの境界は、カラフトからさほど遠くなく、時にはロシア人配下の連中が舟に乗り、海で狩猟するためにやってくる」と聞いた。

林蔵は、当初の目的の一つであるロシアの進出状況を知るためにもロシアとの境界を見定めよう

『北蝦夷図説』に描かれたノテトの図

と心に決めた。

林蔵は、コーニの家に泊まり込んで、海での漁や山で木を伐採する手伝いや網を編んだりして、村人への協力を惜しまなかった。あるとき、林蔵は村では女性の力が非常に強いことに気づいた。男たちは女性たちの歓心を得ようと機嫌を取ったり、仕事の手助けをしていた。林蔵はこうした女性上位の村で、男たちからあらぬ疑いを掛けられないように細心の注意を払いつつ、村人と親しくなっていった。

林蔵のこんな記述を読んだとき、北極圏を犬ぞりで旅した冒険家植村直己さんのことを思い出した。植村さんも北極圏の村に初めて入ったときに、村の女性から誘惑されそうになり、「おれは医者から止められている」とごまかして、女性問題でのトラブルを避けている。僻地の村で女性問題を起こすことは探検家や冒険家にとって今も昔もタブーなのだ。

林蔵は、村人たちからカラフトはやはり島であり、どこの国とも境界を接しておらず、東海岸へたとえ出てもスメレンクル（ニブフ）やオロッコ（ウイルタ）の集落があるだけで、山丹と満州の境界やロシアの進出について調べたいのならば、大陸へ渡る必要があることを理解した。

林蔵は、アムール川にあるデレンへ朝貢のために向かうコーニに、ぜひ同行したいと頼み込んだ。朝貢とは、武力ではなく、異民族に貢物を出させる代わりに絹織物などの褒美と社会的な地位を与えて、服従を誓わせる中国伝統の統治システムである。当時は、中国・清朝の役人が夏の時期に出張してくるデレンまで行き、従属の印としてクロテンの毛皮などの貢物を出す代わりに、清朝の役人から高級な絹織物や木綿、針などと、村長（カーシンタ）など社会的地位を与えられた。周辺の諸民族にとっては大きなメリットがあった。下賜される蝦夷錦は日本人垂涎の品であり、日本と中国の交易の仲立ちとなることで、大きな利益を得ることができるからだ。当時、カラフト沿岸に暮らしたニブフにとって交易は生活の柱でもあった。

林蔵は、デレンにさえ行けば、不明だった山丹や満州との境界や、ロシアの情報も入手できるはずと考えた。当時、日本は鎖国中で幕府に無断で海外へ行くことは禁じられていたが、林蔵は「国禁といえども、この機会を逃しては大陸の実情を知ることはできない」と決心した。

コーニらは「異国人には危険すぎる」と忠告したが、林蔵の熱意と日頃仕事を手伝ってきた村の女たちの後押しもあって、同行が許された。コーニ自身も中国からカーシンタの地位を与えられ、蝦夷錦の官服も持っていた。林蔵は、コーニについて「誠実そのものの人物で、自分に同情してくれ、東韃靼へ行く旅の途中もなにかとよく面倒を見てくれた」と感謝している。林蔵の報告書の中で、現地の人の名前が登場するケースは少なく、コーニの存在はそれほど大きかったのだろう。

林蔵は、デレンへの朝貢・交易隊に参加する前に、これまで同行してくれたアイヌの人々を先に帰郷させるつもりだった。だが、思慮深いコーニは、「もし旅の途中であなた様が亡くなったら、日本の役人は私どもが殺したと疑うことでしょう。だから同行者をこの村に一人か二人残してほしいのです」と条件を付けた。ずっと付き添ってくれた一人のアイヌの男が残ってくれることになり、林蔵は測量結果を記した野帳を託し、「万が一の場合は白主までこれを届けるように」と指示した。残念ながら林蔵はその勇気ある男の名前を記録していない。

ポキビでの翌朝、私とジェーニャは間宮海峡まで歩いて向かった。四月とはいえ海峡はまだ厚く氷付き、風は冷たい。わずか七キロ先の大陸が目前に横たわる。大陸の山並みとポキビと向かい合う対岸のラザレフ村のシンボルである岩山が見えた。海峡を埋めた氷は一面の平らではなかった。波打ち、いたるところで氷の板同士がぶつかって盛り上がり、小さな山脈のようになっている場所もあった。割れた氷は白くまぶしく輝き、遅い春の到来を予感させた。村人によると、海峡は十二月から四月末まで結氷し、スノーモービルならばラザレフまでわずか三十分の距離という。海岸線には小さな古い灯台があった。ここはやはり海の難所なのだ。

林蔵がノテトで借りたサンタン船に乗り込んでポキビ(ポコベー)を越えたのは第二回探検の一八〇九年六月二十一日ごろ。周辺は霧に加えて、浅瀬がひそみ、潮流と干満の変化も激しい。同時代に海峡周辺を調査した、フランス人ラ・ペルーズ(一七八七年)やイギリス人ブロートン(一七九七年)、ロシア人クルーゼンシュテルン(一八〇五年)ら西欧やロシアの海洋探検家が突破できなかった海の難所だったが、林蔵はサンタン船と現地に詳しいニブフの案内人、アイヌのこぎ手の協力で無事に海峡最狭部を通過して、さらに北を目指した。

現在、狭い意味での間宮海峡とは、大陸とサハリンが七・三キロに最も狭まるこの部分を指し、ロシアでは林蔵から約四十年後に同海峡を調査したロシア海軍提督の名にちなみ「ネベリスコイ水道」と呼ぶ。広義の間宮海峡は大陸とサハリンを隔てる海峡全域を指し、世界的には「タタール海峡」(韃靼海峡)という名称で知られている。

ポキビに到着した翌日、私どもを運んだヘリがラザレフへ行くというので便乗した。舞い上がったヘリはわずか二、三分で海峡を飛び越えてラザレフの村はずれに着陸した。上空から見る海峡は一面の白い雪原で海峡に突き出たラザレフ岬の岩山だけが黒く見えた。この岩山を地元住民は「シドー」(馬の鞍の意味)と呼んでいた。

ポキビに戻り、地元ハンターのパブロフさんのスノーモービルに乗せてもらい、凍りついた海峡を南へ下った。前を走るスノーモービルが巻き上げる氷の飛沫が目に入って痛い。パブロフさんは、ワンガ川という川幅十メートルほどの川でスノーモービルを止めた。回転式のドリルで穴を開けて、釣り糸を垂れた。餌はイクラの塩漬けだ。すると、間もなく体長二十センチほどのヒメマスが次々に釣れ始めた。まさに入れ食い状態だ。初心者の私も短い竿を上下させると立派なヒメマスが食いついてくる。それだけ数多くの魚がこの凍りついた川の下に潜んでいるのだ。

ワンガ川近くに「ワゲー」と呼ばれるニブフの集落がかつてあり、林蔵はアムール川からの帰路、河口まで下った後、大陸沿いに南下して海峡を再び横断し、ワゲーに着き、ノテトへと戻った。林蔵はワゲーとノテトとの距離を三里二丁(約十二キロ)と記録している。パブロフさんに、このワンガ川の南に昔、ニブフの集落があったことを説明して、家の跡など痕跡を見たことがないか尋ねた。パブロフさんは「そうしたものは見たことがないね。ソ連時代、多くの先住民族の集落が統合さ

ポキビ近くのワンガ川で釣りをすると，
ヒメマスが入れ食い状態で釣れた

れてなくなったからね」と教えてくれた。

ワンガ川からさらにスノーモービルで南下してみたが、辺りには強い季節風にねじ曲がった、か細いカラマツの荒野が続くだけで、ノテトの痕跡は見当たらなかった。ノテトは遠い時間の中に消えていた。

第四章

さらば最後の犬ぞり使い

林蔵が残した記録と現在

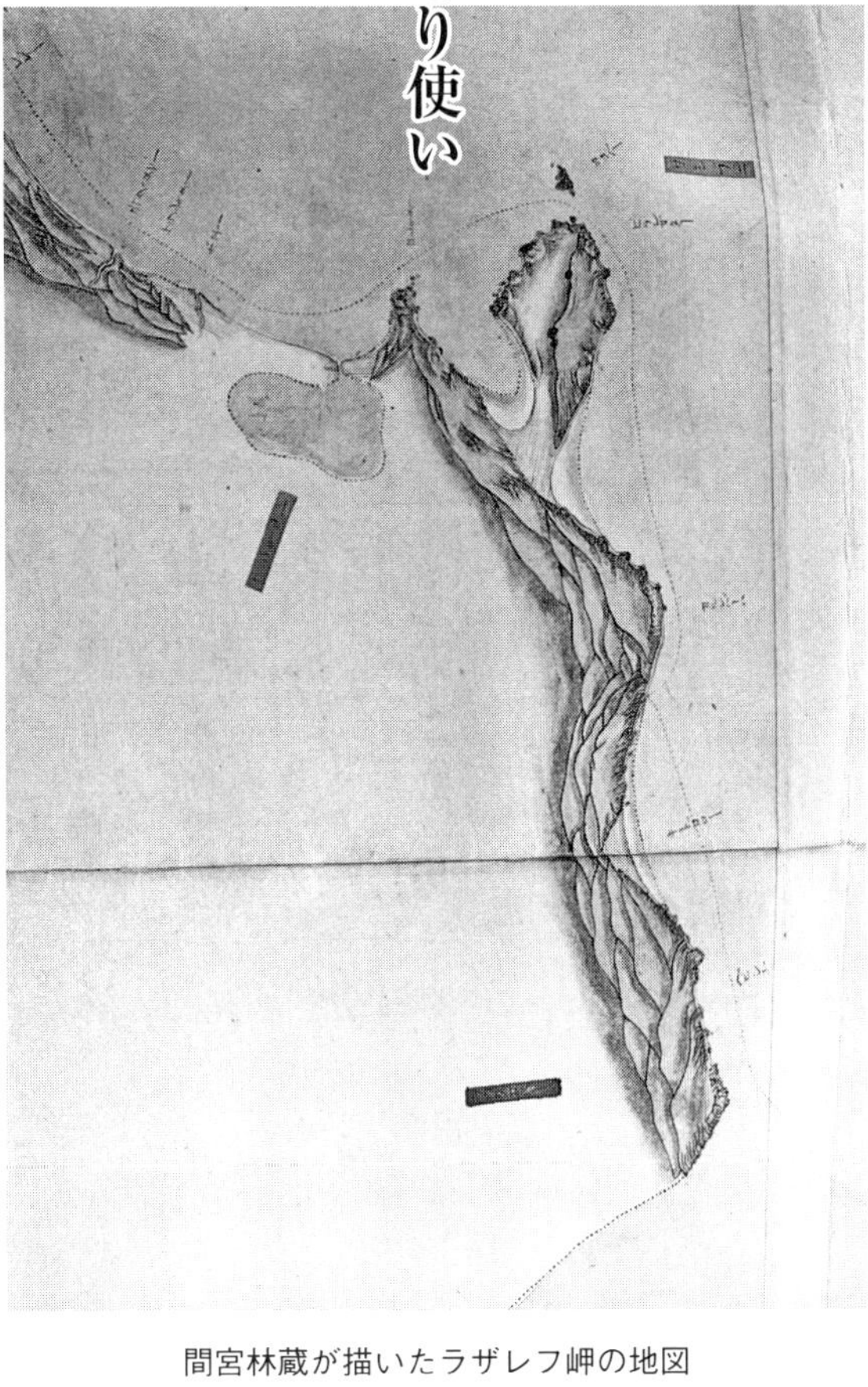

間宮林蔵が描いたラザレフ岬の地図

南カラフト地図

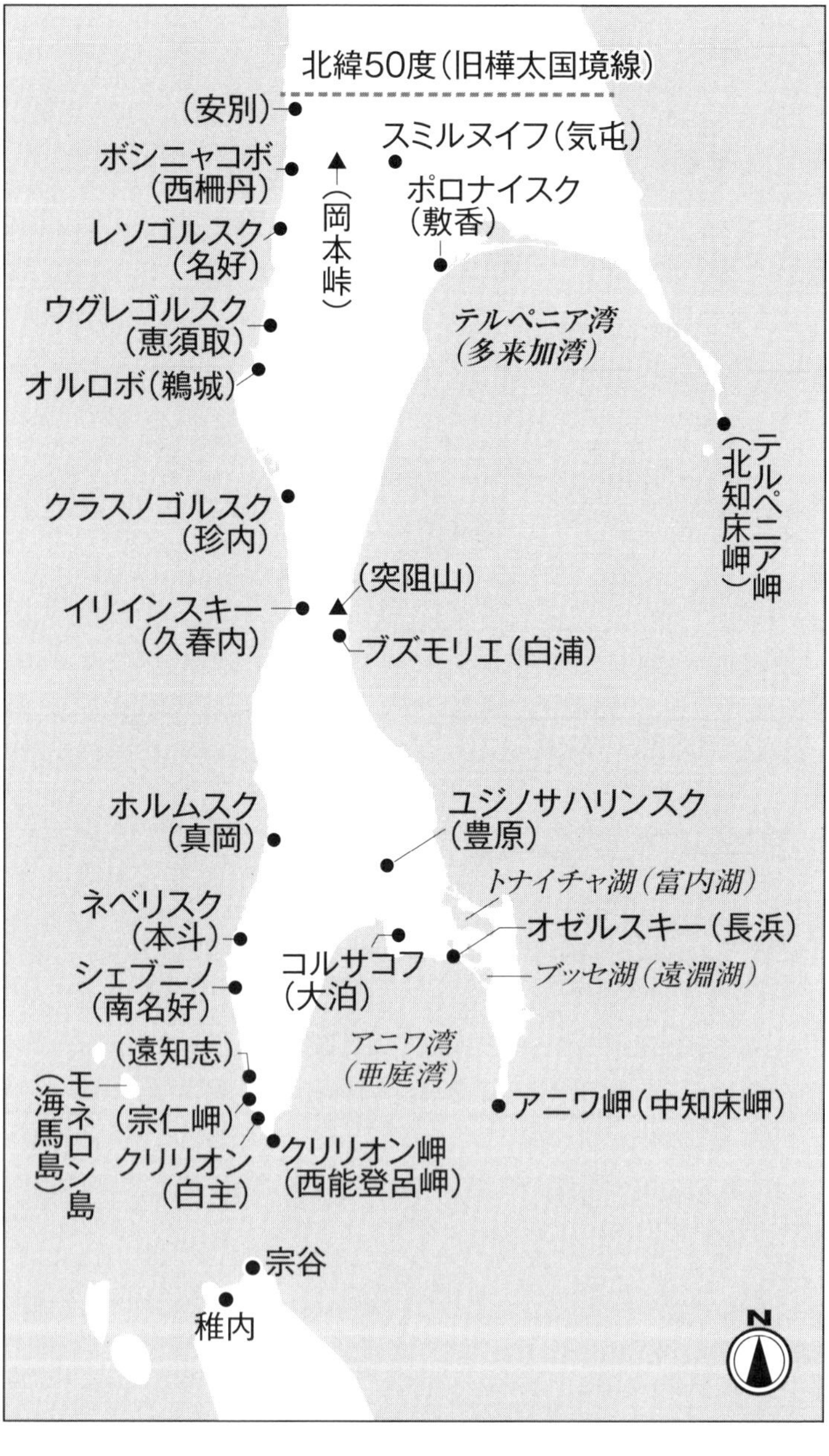
北緯50度（旧樺太国境線）
（安別）
スミルヌイフ（気屯）
ボシニャコボ
（西柵丹）
（岡本峠）
ポロナイスク
（敷香）
レソゴルスク
（名好）
ウグレゴルスク
（恵須取）
テルペニア湾
（多来加湾）
オルロボ（鵜城）
テルペニア岬
（北知床岬）
クラスノゴルスク
（珍内）
（突阻山）
イリインスキー
（久春内）
ブズモリエ（白浦）
ホルムスク
（真岡）
ユジノサハリンスク
（豊原）
トナイチャ湖（富内湖）
ネベリスク
（本斗）
オゼルスキー（長浜）
コルサコフ
（大泊）
シェブニノ
（南名好）
ブッセ湖（遠淵湖）
アニワ湾
（亜庭湾）
（遠知志）
モネロン島
（海馬島）
（宗仁岬）
アニワ岬（中知床岬）
クリリオン
（白主）
クリリオン岬
（西能登呂岬）
宗谷
稚内
N

一　樺太犬とともに

ルプロワの海岸線から北を望むと遠くに隣村が見える。サハリン西海岸で最北の村リヅノフスク村だ。ルプロワから約十キロ北に位置し、海岸にへばりつくように建つ漁村である。

間宮林蔵の足跡を追って、北サハリンを歩いた一九九五年春、私はサハリン最後の犬ぞり使いとされたセルゲイ・リュビフさんと知り合った。リュビフさんは一九五〇年にリブノフスク村で生まれた。北方先住民ではなくロシア人だが、かつてのニブフの生活にあこがれ、長年犬ぞりを操り、樺太犬とともに生きてきた。

サハリン全島や間宮海峡対岸の大陸では、長い間、犬ぞりが人々の重要な移動手段であった。林蔵は、幕府に提出した『東韃地方紀行』や『北蝦夷図説』(原本名『北夷分界余話』)で、カラフトや黒龍江(アムール川)流域の先住民の暮らしを生き生きと描き、人々と犬たちの深い絆にも筆を割いている。

林蔵は、樺太アイヌや北サハリンに暮らすニブフの人々が犬ぞりを巧みに使い、多くの犬を飼っていることに驚き、わざわざ「使犬」の項目を立てて、「この島の人々にとって生産の最も重要なものが使犬である」とし、詳細に記述している。

「犬を使うのは南方(樺太アイヌ)も同じだが、北の人々はもっと使っている。貧富の差なく、ど

上：1995 年に知り合った当時のリュビフさん
下：樺太犬を駆って雪原を走るリュビフさん（ウラジスラフ・チトフさん撮影）

の家でも飼っている。家族の中で男女の別なく犬を飼い、これは祖父の犬、これは祖母の犬、これは長男の犬といった具合である。実際は一人で三頭、五頭も飼っているので、一家の犬の数は相当なものである」「成犬、子犬の別なくかわいがり、まるでわが子を育てるようである。犬も飼い主を母親のように慕い、昼夜の別なくその側を離れない」（『北蝦夷図説』、相原訳）

林蔵は屋外に渡された横棒に犬をつないでいる様子や、犬ぞりや舟を犬たちにひかせる絵も描いている。子どもが服の中に犬を入れて背負う微笑ましい絵もある。まさに犬は家族であり、狩猟や漁労など生活に欠かせない存在であった。林蔵から約百年後の一九一〇年（明治四十三年）、日本初の南極探検隊（隊長・白瀬矗《のぶ》）にも、南樺太の落帆（現レスノエ）から山辺安之助（アイヌ名ヤヨマネク）と花守信吉（シシラトカ）という二人のアイヌの男が、樺太犬を連れて、犬担当として参加し、探検隊を支えた。

さらに半世紀後の一九五六年（昭和三十一年）、日本の第一次南極越冬隊とともに南極大陸へと渡り、隊員の撤退時に連れて帰れずに昭和基地に置き去りにされ、驚異的な生命力で生き残った樺太犬の兄弟タロとジロの物語を多くの日本人は知っているだろう。

現在、サハリンでは犬ぞりはまったく姿を消してスノーモービル全盛の時代となった。日本のヤマハ製が人気で、犬ぞり文化は風前のともしびと言ってよい。

時代の趨勢に逆らうように、リュビフさんは犬とともにサハリン最北の地で生きてきた。自宅は

巧みに使う北方先住民

オハ近郊のニブフなど北方先住民が多く暮らすネクラフスカ村にある。リュビフさんが長年育て、雪原や結氷した海をともに走ってきた犬たちが樺太犬だった。

　リュビフさんの両親はともにロシア人で、リブノフスク村の漁業コンビナートで働き、そのまま村に居着いた。子どものころから犬好きだったリュビフさんは十歳のころ、初めて三頭の犬を飼い、大陸から犬ぞりを駆ってやってくるニブフや地元の男たちから犬ぞりの技を習った。

「最初はロープの結び方からだったよ。初めて犬ぞりに乗った時は転んで鼻血を出してしまった。まるで昨日のことのようだ」

　当時の北サハリンで、犬ぞりは村と村を結ぶ重要な交通手段であり、厚く氷付

『北蝦夷図説』に描かれた犬ぞりを

いた間宮海峡は大陸とサハリンを結ぶ生活の道だった。リュビフさんも十六歳の時にはすでに十一頭の犬を操って、大陸まで足を伸ばす立派な犬ぞり使いになっていた。

リュビフさんはこうも語った。

「自分は宇宙旅行には行きたいとは思わない。だれもいない雪原や結氷した海を犬たちと走れば、自分が行きたいどこへでも行ける。静寂の中で自由を感じ、犬たちと走っていると心が休まる。いつか死ぬ時は犬たちと一緒に死にたい。おれは犬が好きなんだ」

猛吹雪の間宮海峡で、三日間も閉じ込められた末、先導犬の動物的な勘で近くの村にたどり着いたこともある。その時、リュビフさんは犬にすべてを託した。犬

2013年秋，飼っている樺太犬をかわいがるリュビフさん

は村の方向を見事に捜し当て、リュビフさんは助かった。

太古の昔、人類がアムール川流域やサハリンなどユーラシア大陸の東部に進出して以来、犬は冬にはそりを、夏は舟を引く大切な足であり、厳寒の地で伝承されてきた文化だった。ネクラフスカ村に暮らすようになったリュビフさんは、冬場に結氷した海や湖でコマイなどの魚を獲り、犬ぞりで町へと運んだ。犬たちはペットではなくまさに生活の一部だった。力強い犬たちは、大人三人のほか魚が入った一つ五十キロの袋十五個を積んだ約一トンものそりを引いた。

犬の名前は「チュルヌシュ」(黒い犬)、「プックライ」(鼻先が黒い)などニブフ語の名も多く、先導犬への指示もニブフ語だった。現地では犬ぞり使いのことを「カユル」と呼ぶ。リュビフさんは「最後のカユル」であり、地元では「ニブフになったロシア人」とも呼ばれていた。

サハリンはもちろん、大陸側でも犬ぞりを引くような犬はどんどん少なくなっている。だが、海峡を挟んで大陸側の集落にはまだ力強い犬たちがいるといい、リュビフさんはそうした新しい血を求めて各地を訪ね、犬たちを集めてきた。使役犬であった樺太犬には血統書はない。だが、そうした概念は近代のものであり、人類は長い時間をかけて良い犬たちを集めて育て、犬を育ててきた。良い犬とは人間の指示に従ってそりを引き、力強く丈夫な犬のことである。

リュビフさんに子犬の育て方を聞いた。一度に十頭ほど生まれる子犬を雪穴に埋めて、はい出して来た順に五、六頭だけを選び、ほかの犬は、水に沈めて溺死させる。走れなくなった犬は殺して、毛皮でコートなどを作る。「弱い犬や老いた犬を生かすことは犬への愛情ではない」とリュビフさんは断言した。

林蔵の記述にも「子犬が成長した後、たくましく力の強い犬は家に残し、体が弱く脆弱で使役に堪えないものは絞め殺して皮をはぎ、その肉を食う」(『北蝦夷図説』、相原訳)とある。

リュビフさんの自宅の倉庫に真新しいそりが吊り下げられていた。そりもトドマツや白樺を使用して自作したものだった。「夏に白樺を切って製材して、たき火で熱して曲げた後に二カ月間かけて乾燥させる。これもニブフのやり方だ。犬をつなぐ鎖も自分で作る。ニブフと同じように雄犬たちの去勢も自らの手でナイフを使ってやっているよ。犬の足を木に縛り付けて、陰嚢《いんのう》をナイフで切って睾丸を取ってしまうのさ。これもニブフから習ったよ」。去勢された犬は自分で傷口をなめ

弓矢や槍を持つニブフの男たち（『北蝦夷図説』）

て直してしまう。訳したジェーニャが「ナイフで金玉を取るんだって。犬に生まれなくてよかった」と首をすくめた。

『北蝦夷図説』でも去勢の様子が図入りで説明されている。

「犬の四本の足を木に縛り付けて口も縄で巻き、一気に刀で陰嚢を裂いて睾丸を取り出し、切断する。ただちに縄を解いて犬を放つ。犬は痛がる様子も見せず、小さく吠えて傷口をなめて忽然と走り去る。ただし、この裁割の術を下手なものが行うと即死することもあるので、熟練した者でないと行えない」（『北蝦夷図説』、相原訳）とあり、リュビフさんの去勢のやり方がニブフの伝統に沿ったものであることがここからもわかる。

リュビフさんから贈られた模型の犬ぞりと樺太犬の写真を前に思い出を語る阿部勇さん

二　海峡を越えた友情

サハリンで犬ぞりを守ろうとしたリュビフさんだが、周囲の理解はなかなか得られなかった。リュビフさんの希望は日本だった。日本には犬ぞりの愛好家たちが数多くいると聞いていたからだ。

一九九五年、リュビフさんと樺太犬のことを北海道新聞で記事にしたところ、稚内の犬ぞりの愛好家阿部勇さんが関心を寄せてくれ、「ぜひ、樺太犬を稚内で復活させたい。リュビフさんの家で生まれた子犬をもらいうけたい」と相談に来た。

稚内は、南極へ派遣されたタロやジロらが訓練された樺太犬ゆかりの地であり、市街地を見下ろす丘には樺太犬のブロンズ像が建つ。毎年冬には全国から犬ぞりの愛好家が集い、犬ぞり大会が開催されている土地柄だ。

私は阿部さんらに「樺太犬の子犬がほしくても、ものには順番がある。まずは現地を訪ねて、真意を伝えて、日本に招待したらどうでしょうか。その上で、子犬をもらうようにすればよい。リュビフさんとの交流を長く続けてほしい」とお願いした。お金で犬を買うだけの関係ではなく、犬ぞりを愛する者同士、長く付き合ってほしいと思ったのだ。

阿部さんらは、稚内で「稚内市樺太犬愛好会」を組織して、約束通りにリュビフさんの元を訪れた。リュビフさんは日本の犬ぞり愛好家の来訪に驚き、感激した。リュビフさんと妻リディアさんは一九九九年二月、稚内に招待された。来日前、村人の誰もがリュビフさんの話を信じず、「日本人にだまされて。そんなうまい話があるわけがない」とせせら笑った。だが、実際に日本への航空券と招待状が届き、夢の稚内行きが実現した。

新千歳空港経由で稚内に到着したリュビフさんは、稚内で大歓迎を受け、犬ぞり大会にも参加した。私も稚内に駆けつけ、リュビフさんと再会した。この時もジェーニャが通訳として同行してくれた。リュビフさんは「これもあなたのおかげだよ。こんな日が本当にくるとは思わなかった」と話して、ごつごつとした手で私の手を握り締めた。

リュビフさんは稚内滞在を心から楽しんでいた。「腰を抜かすほど驚いた。これほどの犬ぞりが集まって、日本にこんなに犬ぞり好きがいるとは思わなかった」と目を丸くした。犬ぞり大会の会場に案内されたリュビフさんは、「サハリンから樺太犬を操る本物の犬ぞり使いがやってきた」とアナウンスされ、飛び入りで出場、本場の犬ぞり操縦術を披露して、拍手喝さいを浴びた。阿部さんらの心温まる歓迎と盛大な稚内の犬ぞり大会はリュビフさんの心に刻まれた。

阿部さんは後にリュビフさんの元を訪ねて一緒にネクラフスカ村から犬ぞりに乗り、間宮海峡を横断した。言葉は通じなくても、二人の気持ちは通じ合い、何の不自由もなかった。リュビフさんと一歳違いの阿部さんは親友になった。リュビフさんは、その友情の印として、自分で作った小さな模型のそりを阿部さんに贈り、阿部さんは愛用する犬のバンドをプレゼントした。

リュビフさんの来日から半年後、五頭の子犬が海を渡り、稚内へやってきた。子犬たちは、愛好会の各メンバーに預けられ、子犬も生まれたが、残念ながらいずれもその血はすでに絶えている。本来ならば、別の血筋の犬を定期的にリュビフさんから譲り受けて、繁殖させればよいのだが、そう簡単にはいかない事情があった。

サハリンのコルサコフ（大泊）と稚内間には夏季に定期フェリーが運航されている（二〇一九年現在、運休中）。しかし、フェリーで犬たちを北海道へ運ぶことはできない。海外の犬を日本へ運び入れるためには検疫を受ける必要があるためだ。欧米などでは事前に当事国で病気の有無などのチェックを済ませ、短期間で日本へ運ぶことができる。サハリンにはそうした施設や制度はなく、道内で唯一の動物検疫がある苫小牧港に入れ、一カ月間、港内の施設に留め置く必要がある。狂犬病などに感染していないか確認するためだ。阿部さんらもこうした面倒な手続きを踏んで子犬たちを迎え入れたのだった。

リュビフさんと最後に会ったのは二〇一三年秋だった。ネクラフスカ村の自宅を訪ねると、「あんたとはもう二度と会えないと思っていたよ」とリュビフさんは喜んでくれた。再会を祝してコニャックで乾杯した。リュビフさんは体調が悪いとこぼし、犬ぞりの後継者は見つからず、飼っている十数頭の犬たちのことをとても心配していた。

「犬たちは人類に永々と貢献してきたのに。樺太犬はその数を減らし、消えつつある。サハリン州政府は北方先住民族の文化振興を政策のひとつに挙げているが、支援は行き届いていない」。リュビフさんは切々と訴えた。

リュビフさんの夢は、昔のニブフがしていたように、川や海でサケやマスを捕り、山野で木の実や野生の果実を採取して暮らす自給自足の村をつくり上げることだった。後継者を育てる努力も続けてきた。

何人かのニブフの若者らが、リュビフさんから犬ぞりを習おうとしたが、厳しい訓練にすぐに音を上げた。北サハリンのノグリキで開かれる先住民族の祭典のため、主催者から「ニブフの若者を派遣するので短期間で犬ぞりを教え、犬も貸してほしい」と依頼が舞い込んだが、リュビフさんは断った。そんな即席で習得できるものではないからだ。

「若い連中の興味はビールとセックスだけだ。伝統や文化にはまったく関心がない。一日か二日ですぐに放り投げてしまう。もう後継者を育てることは諦めた。犬ぞりを見には来るが、本気でやろうとするやつはいないんだ」。リュビフさんは寂しそうだった。

リュビフさんの自宅横で犬たちは飼われていた。一頭ずつ小屋が用意されて、鎖でつながれていた。

リュビフさんは、一頭ずつ頭をなでて、「この若い犬は昨年生まれて、今年からはそりを引く練習を始める」「こいつの名前はシャンタール。（オホーツク海の）シャンタール諸島から取ったんだ。もう十歳のベテランだよ」「こいつは先導犬のティーチ。有名な海賊の名前だ。本当にのみ込みが早い」と、それぞれの特徴を教えてくれた。どの犬も足は丸太のように太く、リュビフさんが頭を揺って愛撫すると、目を細めて甘えていた。そこには犬たちとリュビフさんの強いきずながあった。

犬たちの餌は近くの海で捕れたアザラシの肉や脂、干したサケやマスなどが中心で、小麦粉などと混ぜてソフトボール大の肉だんごを一日二回与える。市販のドッグフードでは、犬が力を出せないという。アザラシなどは、リュビフさんが冬に漁獲したコマイと交換して入手していたが、若いころに痛めた右足が悪化、いまでは歩くのもつらく、自由に犬ぞりを操れなくなったという。コマイ漁ができなくなれば、アザラシの肉も得られなくなる。このため、リュビフさんは犬の数を減らさざるを得ないかと悩んでいた。地元のニブフに飼ってほしいと頼んだが、もらい手は現れなかった。「犬たちを野に放せば、野犬となって牛などを襲う恐れもある。もちろん銃殺はしたくない」と困り切っていた。

サハリン最後の犬ぞり使いの苦悩を私は記事にした。記事は夕刊社会面トップの扱いとなった。

見出しは「『サハリン最後の犬ぞり使い』引退へ　犬たち助けたい」。リュビフさんと犬たちの写真付きだった。掲載後、私の元に犬たちを何とかしたいと数件の問い合わせがあった。

私はぜひ助けてあげてほしいが、資金も時間もいることを具体的に説明した。ネクラフスカ村からサハリン南部のコルサコフまで犬たちを約千キロ運び、苫小牧へ向かう貨物船を探し、犬の同乗を承諾してもらい、さらに苫小牧港で一カ月間もの間、犬たちの世話もしなければならないと。こうした事情を話すと、相談者たちは「そんなに大変なのですか」と断念した。結局、樺太犬の譲渡は実現しなかった。

リュビフさんは二〇一四年十一月、六十四歳の生涯を終えた。ジェーニャから訃報を聞いた私は阿部さんに連絡した。その後、阿部さんと会った際、リュビフさんが「阿部さんは無二の親友です」と話していたことを伝えた。「そうですか。リュビフさんが…」と阿部さんは言葉をなくし目頭をぬぐった。

リュビフさんの自宅に残された犬たちは、幸いに知人たちに数頭ずつ分けて飼われることになった。だが、リュビフさんの死によって、サハリンの犬ぞり文化は事実上消滅したことになるのかもしれない。

リュビフさんと最後に会った後、私とジェーニャはネクラフスカ村の北に広がるピリトン湾の浜辺に立ち寄った。ここがリュビフさんの漁場だった。結氷した湾の沖合まで出て、氷を切り出して、海中に漁網を仕掛け、コマイなどを獲っていた。湾は鉛色をしたオホーツク海へと通じ、リュビフさんはここから間宮海峡に面するルプロワ村や大陸へも出かけた。

リュビフさんのことを思う度にこの北辺の風景が頭をよぎる。リュビフさんの追想は、あの荒涼とした北サハリンの情景と同化し、はるかに続く流氷原を犬とともに疾走する姿となって、雪原の彼方に消えていった。

三　石油開発のはざまで

ニブフやウイルタなど先住民族が多く暮らす北サハリンは、他のロシア極東地域とは大きく異なる点がある。大陸棚で大規模な石油と天然ガスの採掘が行われていることだ。すでにサハリン1とサハリン2という二つのプロジェクトが稼働し、石油と天然ガスを日本や中国、韓国へと輸出している。なぜ、この地域に石油や天然ガスが眠っているのか。それは、大昔、古アムール川が運んだ膨大な有機物が海底に沈み、それが長い時代に石油やガスになったためとされる。石油や天然ガスもアムール川の恵みなのだ。

オハ近隣では、昔からニブフなどの間で「死の黒い湖」と呼ばれる石油滲出地があることが知られていた。サハリンでの最初の試掘は一八八九年に始まり、帝政ロシア時代の一九一〇年にはゾトフ1号井で最初の石油採掘に成功した。この記念すべき油井は「歴史的建設物」としてオハに残されている。近くには、にじみ出た原油によって地面が黒く汚れ、川が油によって虹色に光っている場所がある。天然の石油滲出地だ。周辺の内陸部では今も盛んに石油の汲出しポンプが稼働し、石油を生産している。

日露戦争（一九〇四―〇五年）によって、北緯五〇線以南の南サハリンを領有した日本政府は、石油がより重要性を増す中、以前にも増して北サハリンの石油に関心を強め、政府の後援で久原鉱業、三菱鉱業、日本石油、宝田石油、大倉鉱業の五社が「北辰会」という組織を作り、石油の調査と開発を進めた。一九二五年には年間十万トンの石油を生産した。当時の日本国内の消費量は年間八十四万トンで、サハリンの原油はその一二％に当たった。

人口二万二千人のオハ市のアレクサンドル・シカリャバリューク市長は、二〇一三年秋に取材した際、そうした日本との歴史を踏まえて「日本は伝統的なパートナー。ソ連時代、オハには漁業コルホーズがあったが、これを復活させたい。資源的にはカレイやコマイ、シシャモ、クジラなど豊富な海洋資源があり、魚加工の日本企業を誘致したい。オハは（ソ連崩壊後）厳しかった九〇年代を乗り越えて発展しようとしている。ぜひ、北海道の企業に進出してほしい」と熱いラブコールを送った。

第二次世界大戦後、米ソ冷戦の時代の中でも、日本が参加してのサハリンの石油・天然ガス開発は続いた。一九七〇年代の中東の石油危機によって、サハリンの石油が一躍注目された。以来約四十年、ソ連崩壊など紆余曲折の歴史を経て、サハリン１とサハリン２という二つの大プロジェクトはついに完成した。ともに北サハリンの大陸棚を開発し、サハリン１は間宮海峡の最狭部の海底にパイプラインを通して、海峡に面した沿海地方デカストリから石油を日本などへ向けて輸出する。間宮林蔵が二世紀前にサンタン船で渡った海峡下には、七本のパイプラインが走り、ロシア極東のエネルギーの大動脈となっている。

サハリン2は、北サハリンから島内を南北に貫く約八百キロものパイプラインを通して、石油と天然ガスを稚内対岸のアニワ湾プリゴロドノエ基地まで運び、天然ガスを氷点下一六二度に冷却してLNG(液化天然ガス)に加工して、専用タンカーで日本などに輸出している。日本では東京電力や九州電力などが契約し、札幌や近郊では北海道ガスが契約する五十五万世帯のほぼ半数がサハリン産のLNGを原料とする都市ガスを使用している(二〇一四年時点)。

二〇一三年冬、プリゴロドノエ基地を取材したが、LNG生産は二十四時間、三百六十五日態勢で行われていた。夜でも明かりが消えることはなく、その巨大な施設はまさに「不夜城」で、地元では「小さなラスベガス」と呼ばれていた。施設を施工したのは、日本のプラントメーカー千代田化工建設。二〇一三年当時、ロシア国内唯一のLNG基地だった。プリゴロドノエは南サハリンが日本領だった時代は「女麗《めれい》」と呼ばれ、もっと昔は樺太アイヌの集落があった。基地建設の際もアイヌの遺跡が出土した。日露戦争の終盤には、当時ロシア領だったサハリンを占領するために日本軍が上陸し、一九四五年八月の太平洋戦争終戦前後には、ソ連軍の侵攻を受けて邦人が北海道へと脱出した地でもあった。基地を一望できる丘には、戦前の日本時代に建てられた日本軍の上陸記念碑が根本から倒され、横たわっている。

時代を経て二〇一一年の東日本大震災と原発事故によって、すべての日本国内の原発が停止し、ＬＮＧ火力が一躍、発電の主力に躍り出た。その際、プリゴロドノエ基地はプーチン首相（当時）の指示を受けてフル稼働し、計画上の年間能力を超える一千万トンのＬＮＧを生産し、うち約七百万トンを日本へと輸出した。これは日本の消費量の約一割に相当し、専用船は北海道へはわずか一日、東京にも三日で到着、各地の火力発電所にＬＮＧを供給した。日本にとって中東危機を見越し、エネルギーの安全保障の見地から産声を上げたプロジェクトは、震災と原発事故という日本未曽有の危機にその真価を発揮したのである。

二つのプロジェクトだけでもサハリンに投資された額は四兆円に達した。人口わずか五十万人のサハリンは、この石油・天然ガス開発によってうるおい、所得水準はいまやロシアの首都モスクワをしのぐ。州都ユジノサハリンスクには、高層マンションや商業ビルが建ち並び、スーパーには中国から輸入された生鮮食料品があふれる。かつての「流刑地サハリン」は、資源開発によって大きく様変わりした。ソ連崩壊直後の物不足の時代は過去のものだ。ロシア極東の中でも、ユジノサハリンスクと、極東の玄関口ウラジオストク、政治と経済の中心地ハバロフスクの変貌ぶりには目をみはるものがある。

北大で歌うフェジャエワさん(左)とビビコワさん

四　消えた花　シライ・サーックラ

光は同時に影ももたらす。

二〇一三年秋、北サハリンの先住民族ウイルタの女性二人が来日し、北大で講演と音楽の集いを開いた。ウイルタ語の口承文芸を翻訳するため、北大が招待したイリーナ・フェジャエワさんとエレーナ・ビビコワさん。ともに当時七十三歳。ビビコワさんの妹がルプロワ村に同行してくれたマリアさんだ(10ページ参照)。

二人が歌った歌で印象に残るものがある。

開発の陰で姿を消した、ピンク色のイソツツジに似た花「シライ・サーックラ」を歌った同名の曲だった。ビビコワさんが作詞した。

鉄が歩いて、私をつぶしてしまったの

人が歩いて、私を踏みつぶしたの
今でも私は遠くにいる
心のきれいな人になら姿を見せてあげましょう

物悲しいメロディーと歌詞が印象に残った。フェジャエワさんは、北サハリンのバル村に、ビビコワさんは石油・天然ガス開発の拠点ノグリキに暮らす。

二〇一三年秋、バル村を訪ねた。

オハからバル村までは約百八十キロ。車で南へ向かった。オハから約五十キロの道路は片側一車線の幅広いアスファルトの舗装道路だった。地平線まで続くカラマツ林は黄金色に色づき、道路の両脇の湖沼に青空が映える。北サハリンには山岳地帯がないことが改めて実感できた。風景は北海道東部の湿原地帯のようだった。道は途中から砂地の未舗装道路となった。道路の舗装工事は続いており、そう遠くない将来、ユジノサハリンスクからオハまで約千キロにおよぶ幹線道路が完全舗装化される。これも資源開発の賜物だろう。

オハから約四時間でバル村に到着した。村に入る直前、道路を横断して大きく森が切り開かれ、石油・天然ガスのパイプラインが走っていた。間宮海峡周辺の大陸側でもこうした森林伐採の光景をよく目にした。

フェジャエワさんが暮らすバル村は人口約千二百人。ロシア人のほか、ウイルタ、ニブフ、エベンキ、ナナイの各民族が暮らす。ウイルタは約百五十人。サハリン全体ではニブフ約二千五百人のほか、ナナイ、ウイルタ、エベンキの四民族計約四千人が、オハやノグリキ、ユジノサハリンスクなどにいる。アイヌは登録されていない（二〇一三年時点）。

ウイルタの人々は伝統的にトナカイを放牧して暮らしてきた。間宮林蔵も『北蝦夷図説』のオロッコ（ウイルタ）の項目の中で「人々は漁猟の面ではアイヌと異なることはないが、犬は飼わずにトナカイを使う。家ごとにトナカイを飼い、富めるものは十二、三頭を養う。初夏から秋までは野に放牧する」（相原訳）と記録している。

フェジャエワさんの説明では、かつてはバル村周辺でも家族単位でタイガの森に暮らし、周辺には二つの村があった。草を求めてトナカイを移動させ、冬にはバル村から約十キロ離れたイワイ川の上流で過ごした。これが一九五〇年から八〇年ごろまでは続いた。トナカイの乳を搾って、バターやサワークリームを作り、ミルクを飲んだ。トナカイの乳は脂肪分が多く、上質の乳製品ができた。もちろん肉も食べた。トナカイの肉は上等の牛肉のようで大変美味である。脂肪分も牛肉よりも少ない。極東各地の大きなスーパーではトナカイの缶詰が並ぶ。

かつてはフェジャエワさん一家も多くのトナカイを飼育していた。村にはトナカイのコルホーズ（集団農場）があり、祖父は班長を務めていた。五〇年代、村周辺には約一万二千頭のトナカイがいて、八〇年代でも約四千頭を飼育していた。トナカイの群れが移動するとき、ノグリキとオハを結んでいた簡易鉄道を止めることもしばしばだった。

ベレスケイ川のほとりで語るフェジャエワさん

フェジャエワさんの祖父は、スターリンによる粛清の嵐が吹き荒れた一九三七年、「スパイ容疑」をかけられ、息子とともに処刑された。当時、サハリン中央部を東西に走る北緯五〇度線は、南サハリンを領有した日本とソ連の国境であった。このため、特にウイルタなど地理に明るく、トナカイとともに移動する先住民にスパイの疑いがかけられたことは想像に難くない。

実際、日本軍もニブフやウイルタら先住民を「特務」に採用し、ソ連軍の動向を探らせていた。

極東各地でも数多くの人々が粛清された。沿海地方で朝鮮半島に近いソ連領内には多くの朝鮮民族がいたがカザフスタンなどへ強制移住をさせられた。猜疑心の強いスターリンは、日本との戦争になった場合、これら諸民族が日本に味方するのではないかと疑ったのだ。フェジャエワさんの祖父も、戦後長い時間を経てようやく名誉回復されたという。母親は教師となり、一家の生活を支えた。森の中の学校やノグリキで北方先住民の子供たちにロシア語を教えた。母親はウイルタ、エベンキ、ウリチ、ロシア語の四つの言葉を話せたそうだ。

ウイルタの生活が一変したのは一九九〇年代。サハリン大陸棚での石油と天然ガス開発が急ピッチで進み、道路が走り、パイプラインなどの施設の建設が行われた。パイプラインは森を百メートルもの幅で切り裂いた。

パイプラインの工事によって切り開かれたバル村近くの森

「昔、ウイルタは酒を知らなかった。それが酒の味を知り、ロシア人相手にトナカイをウオツカと交換したりして、いまでは酒浸りも多い。酒に酔っている隙にトナカイを密猟されたりもした。トナカイは今では二百頭にまで減った。村でトナカイを飼育しているのは六、七世帯しかいない」と、フェジャエワさんは嘆く。

フェジャエワさんが、お気に入り場所の村はずれを流れるバル川支流ベレスケイ川に案内してくれた。ベレスケイとは、ウイルタ語で「ひじ」の意味だ。川周辺のカラマツの森は黄色に紅葉していた。すぐ近くにロシアのガス最大手ガスプロムのパイプライン施設があった。川岸に立ち、フェジャエワさんは怒りをあらわにした。

「昔はサケやマスがこの川にも上ってきたが、魚はもう獲れない。施設や道路の建設による影響だ。先祖代々、大切にしてきた川なのに。先住民の中で石油開発の企業で働ける人もごく一部で、施設の掃除とか台所の仕事とかが得られたら運が良い方。石油開発などの企業は基本的にロシア人しか雇わず、学校や就職、仕事面でも差別はとても大きい。ロシア人たちは『先住民は飲んべえ』とばかにする。だけど、その先住民に酒を教えたのはいったい誰なの。私はソ連時代の方がずっと良かったと思う」

北大で歌ったもう一人のビビコワさんは、バルより約五十キロ南のノグリキで暮らす。町は石油開発の拠点として急速に発展し、中心部には新しいスーパーマーケットやスポーツ施設が立つ。一九九五年に来た時と比べて町は驚くほど変わっていた。

ビビコワさんは「開発によって先住民の大切な収入源であるサケやマスなどの魚は減った。野の花シライ・サークラも十年前に見たのが最後」と語った。

オハで会った別の四十代のニブフの女性は、「ロシアの憲法には『民族平等』と書いてはあるけど実際は違う。先住民族と資源開発を進める企業とのトラブルは表沙汰になっていないだけ。議会や州政府に先住民族の代表として入った人も選挙前には『先住民族の権利と利益を守る』とうまいことを言うが、就任すれば自分の血縁者や親戚など縁故者と側近ばかりを優遇している。みんな不満を持っている。石油や天然ガス開発を行う企業が、一定割合の先住民族を雇う法律を作ってほしい」と訴えた。

一方で、この女性は「先住民族の側にも問題があるのは事実。ソ連時代は国から保護されたりして、自らの要求を大きな声にしてこなかった。各民族が対立したり、いがみあっていたら、何も変わらない」と内情を語り、先住民側の事情も背後にあると解説してくれた。

開発が進むサハリンで、先住民の暮らしや社会を維持し、文化活動や教育への支援を求めて、同州先住民族代表評議会が組織されている。サハリン州議会にも議員に準じた立場の先住民枠があり、先住民のための法律の提案などを行う。サハリン2の事業主体サハリンエナジー社、サハリン州政府と三者協定を締結し、サハリンエナジー社は毎年資金を拠出。漁業用ボートや船外機、冷蔵庫の購入費用や学生の奨励金、文化活動に当てられる。サハリン1の中核企業の米エクソン社とも協定を結んだ。

母親がニブフ、父親がロシア人のサハリン州北方先住民族局のエカテリーナ・コロリョーワ局長は二〇一三年の取材時、「約四千人いるサハリンの先住民は、国から与えられた特典を得て、自らの文化や伝統を守りながら暮らしている。ユジノサハリンスクには約三百人のニブフが住み、『アスファルトのニブフ人』と呼ばれるが、ユジノに住んでいても、アパートのバルコニーで魚を干していたり、伝統的な暮らしをしている。大陸の先住民族とは違い、サハリンでは漁労や狩猟、トナカイの放牧、野生の果実の採取など多様な生活をしており、石油・天然ガス開発では、先住民の環境対策の要求が実現された。二〇一一年にはサハリンにおける開発企業との協力関係を国連にも報

ネクラフスカ村で野外博物館の構想を語るメグンさん

告した。雇用の場が少ないという声は確かにあるが、石油開発など優良企業に入社するための採用条件は厳しいのは当たり前で、先住民だからという差別はない」と反論する。

現地の人々の訴えと、コロリョーワ局長の話は両方とも事実なのだろう。どの角度から見るか、どの立場にいるかで物事は違って見えるはずだ。

犬ぞり使いのリュビフさんが暮らしたネクラフスカ村には、サハリンの先住民族の活動を世界に発信しようとしている人たちがいた。

ニブフのヒョードル・メグンさんは、サハリン州先住民族代表評議会の会長を務める一方、インターネットサイト「クゥフクゥフ（ニブフ語で「白鳥」の意味）」を運営し、先住民のイベントや昔話、舞踊や民謡などの文化活動を発信。ニブフ語とロシア語併記の新聞も月一回発刊する。だが、ウイルタ語を話せる人はサハリンで十数人。ニブフ語も五十人程度に減っている。特に若者は興味がないという。

メグンさんによると、ニブフとして国に登録する人は、大陸と合わせて一九八九年には約四千六百人だったが、二〇一〇年は五千百五十人に増えた。「多くは先住民向けの漁獲割り当て目当て。ニブフを名乗るなら言葉や文化にも関心を持ってほしい」とメグンさん。ロシアではどの民族に属するかは、国勢調査時の申告制で、祖父母など先祖が先住民族の場合、その民族を名乗る権利があるという。

犬ぞりと同じように、先住民族の言葉も消えつつある中、ニブフやウイルタ語の研究や普及では北海道の研究者が貢献している。北方言語研究の第一人者である池上二良・北大名誉教授らの協力でウイルタ語の教科書が完成し、先住民族が多いノグリキなど北部地域の小学校の郷土学習や市民講座で役立っている。ニブフ語が専門の札幌学院大学の白石英才教授は、話者が年々減るニブフ語の録音と翻訳を長年続けており、「将来、研究はニブフ語の教材や辞書を作る際にもきっと役立つはず」と話す。ビビコワさんとフェジャエワさんらの協力によって、ウイルタ語の辞書も完成した。

ネクラフスカ村では北方先住民の暮らしを再現する野外博物館構想が浮上している。この基礎資料として、メグンさんは先住民の住居や暮らしぶりを描いた絵や写真などが北海道にあればぜひほしいと語った。私の頭にあったのは、間宮林蔵の『東韃地方紀行』と『北蝦夷図説』だった。北方先住民の暮らしを色彩豊かに描いた幾多の詳細な図画が掲載されている。原本は国立公文書館内閣文庫に収められており、貴重な文化財のため現物を見ることはできないが、すでにデジタル化され、閲覧することができる。

これらの記録の中はニブフやウイルタの夏の家や冬場の半地下式の住居、屋内の様子や墓、狩りに出るときの服装、わなの形状、子どもたちの遊び、トナカイやアザラシ、樺太犬などの動物なども紹介されている。

主な図画を印刷してファイルを作り、白石さんに託した。白石さんは北方先住民の専門家であり、絵の説明もメグンさんにしてくれた。メグンさんは、送られた資料を手に「こんな貴重な資料が日本にあるとは思わなかった。とても参考になる」と喜んだ。将来、現地に北方先住民博物館が実現した際、間宮林蔵が残した資料が役立つのならば林蔵もきっと喜ぶに違いない。

第五章

間宮海峡と大陸

上陸地点、残っていた坂道

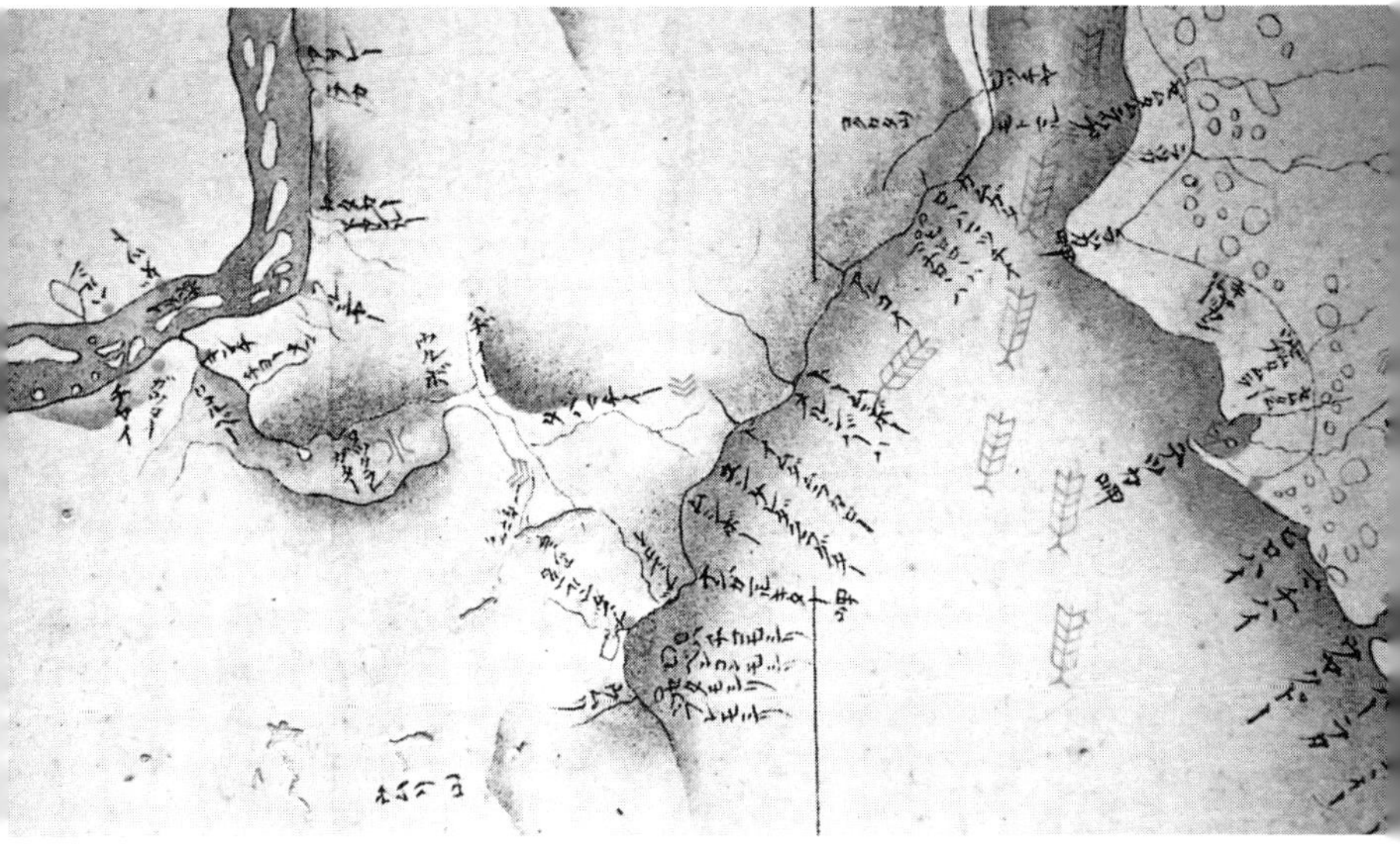

間宮林蔵が描いた海峡とキジ湖，アムール川地図

間宮海峡タバ湾の古道周辺図と1809年の林蔵の踏査ルート

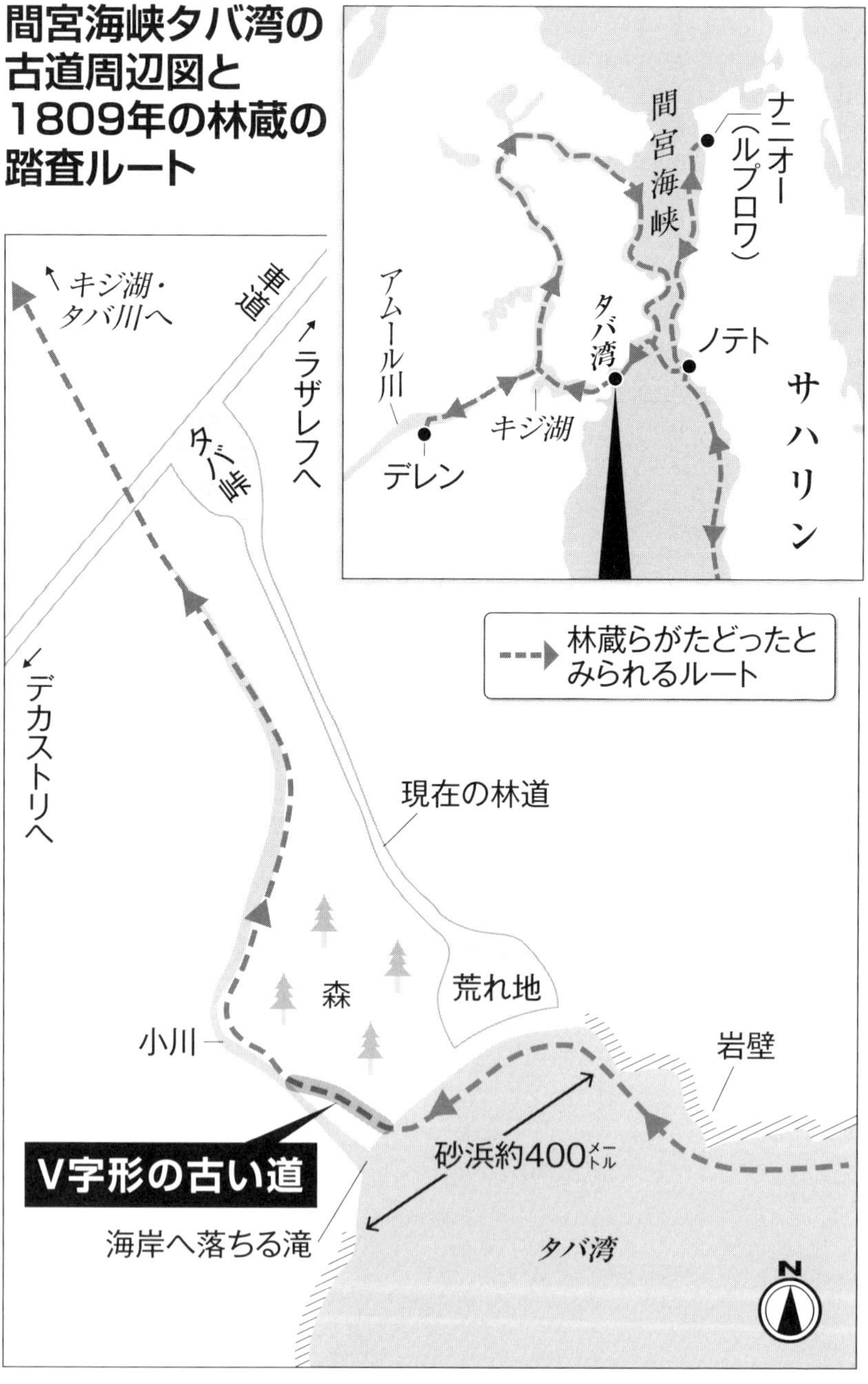

一　ラザレフ再訪

二〇一四年五月、間宮海峡の最狭部とラザレフを十九年ぶりに再訪した。アムール川河口近くの街ニコラエフスクナアムーレで、運転手付きでランドクルーザーを借りることができた。ここでも竹鶴17年のプレゼントは大いに役立った。

目的地の間宮海峡に行くためにはまず、アムール川をフェリーで渡る必要があった。乗り込んだフェリーは大型のはしけといったイメージで船室などはなかった。約五キロ先の対岸まで約十五台の乗用車などを積み込むことができ、車一台の運賃は千ルーブル（当時のレートで約三千円）だった。ハバロフスクより下流で川に架かる橋は中間の工業都市コムソモリスクナアムーレにしかない。フェリーが運航されるのは、川の氷が解ける五月中旬から十一月中旬まで。朝夕の一日二便で所要時間は三十分だった。残りの半年におよぶ冬は川が厚く凍り付くので車で渡ることができる。シベリアでは夏よりも冬の方が走りやすく、凍りついた川を中心に「冬の道」ができて各地を結ぶ。氷点下三十度以下になることも珍しくなく、氷が解けないからスリップもしない。スリップとは氷が解けた水によって起きる現象であり、寒冷地で氷や雪が解けなければ車は滑らないわけだ。

アムール川の色は薄茶色を帯び、真ん中まで来ると波立ってきた。波しぶきをなめると、ちょっと塩味がした。大型の貨物船が上流へと向かう。アムール川は今もロシア極東の物流の大動脈である。

対岸のパゴールナヤ村には真新しいホテルができ、レストランも併設されていた。長距離バスを運行する会社が経営し、住民に喜ばれているという。フェリーは風が強い日には運休となり、ドライバーたちは車の中で時には何日も待たなければならなかった。ホテルができれば、そこで待機すればよいわけで好評とのことだった。

ニコラエフスクナアムーレからラザレフまでは約三百キロあり、一度間宮海峡に面したデカストリまで約二百キロ南下して、そこから逆に間宮海峡に沿って約九十キロを北上するしかない。デカストリまでの道は未舗装部分も多かったがさほど凹凸はなく、車は順調に走った。途中であちこちに山火事の跡があった。一九九八年に起きた山火事は広大な山林を焼き、その後に白樺の若木がようやく生えたばかりだった。カラマツも多い。

デカストリにはサハリン１の石油輸出基地があり、北サハリンからパイプラインで送られた石油を貯蔵する二基の巨大なタンクがある。沖合にはタンカーが停泊して、石油積み出しターミナルから石油を積み込む。

デカストリというフランス風の名前のこの町は、一七八七年にフランスの探検家ラ・ペルーズが港に適した湾を発見、探検のスポンサーだった伯爵の名前にちなんで命名された。一八五三年にロシア人の集落ができて、二〇一三年に百六十周年を迎えた。林蔵が訪ねた時代には町はない。

途中のボゴロツコエからデカストリまで約百キロの間だけは舗装されていた。なぜ、この区間だけが舗装されているのか。デカストリ町長の話だと、米国などの技術者たちはサハリンからヘリコプターでボゴロツコエの空港まで移動して、そこからは陸路でデカストリ基地までやってくるのだが、その便宜を図るため、プロジェクトの主体である米エクソン社が自前で舗装したという。一方でデカストリからハバロフスク方面へは乗用車では時速二十キロがやっとという悪路が延々約五十キロ以上も続く。同町は、エクソン社にほかの区間の舗装も要請したが、すでに地方振興のために多額の税金を地元のハバロフスク州政府に納めていると断られたという。以前は、コムソモリスクナアムーレから技術者を運ぶために、六輪駆動車「カマズ」を改良した特別バスが運行されていた。後部座席に飛行機の客席をそのまま搭載して、ＤＶＤも視聴できた。愛称は「モンスターバス」。いかにも米国らしい話だ。

デカストリから海峡に面するラザレフまでの約九十キロも同じような悪路で、大きな水たまりやぬかるみが広がっていたが、ランクルはものともせずに走り抜けた。途中には湿地帯が広がり、薄暮時、辺りは紫色に染まった。ラザレフ村にはホテルがなく、頼んでおいた民泊用のアパートに転がり込んだ。

翌朝も快晴だった。

地元住民のゲンナージ・スターラボイトフさんの案内で、地元で「いす」とか「シドー(馬の鞍)」と呼ばれるラザレフ岬の山に登った。以前、ポキビから見えた岩山である。登山道は廃屋が並ぶ町外れから伸び、灌木地帯を越えると中腹からは岩場となった。最後はかなり急こう配の岩場を両手を使いながら頂上を目指す。頂上近くは風が強かった。同行した細身の石川崇子カメラマン

間宮海峡に面したラザレフの町

は風に倒れそうになった。標高は一三〇メートル。東には白波が立つ間宮海峡が望め、その先にサハリンの大地が横たわっている。この海峡の下にはサハリンから石油を輸送するパイプラインが通っているはずだ。林蔵も一八〇九年九月、アムール川からの帰路、このラザレフ岬の沖合を通過し、海峡に突き出した岬を測量し、地図に表している（第四章の扉絵参照）。

対岸にいくつかの構造物が見えた。ポキビだった。十九年前に訪ねた時の記憶が鮮明によみがえった。私とジェーニャを歓迎してくれてウオッカを酌み交わした人々はいまも元気なのだろうか。

岩山から南側に目を向けると、ラザレフの町と入江がよく見えた。スターラボイトフさんが沖合数百メートルの小さな島を指さし、「あの島は人工のものので、スターリントンネルの斜坑の上に位置する島なんだ」と説明した。

ラザレフの岩山から見る間宮海峡とサハリン

ラザレフに来た目的のひとつが冷戦下の秘密計画スターリントンネルの取材だった。米ソの対立が激しくなった一九五〇年代初頭、ソ連の独裁者スターリンは、サハリンの防衛を強化するために、間宮海峡の地下をくぐる秘密の地下トンネル建設を命じた。工事には数万人もの政治犯や捕虜が動員されて着工し、「第五〇六機密工事」と呼ばれた。この一大プロジェクトは、大陸側に深さ四十～五十メートルの巨大な作業用立坑を掘ることから始まった。次に海峡の中央に向けて堤防を建設、岸から二キロほど沖合には人工の島を造り、換気用の立坑を掘り、同時に陸地から斜坑を掘り進めた。山頂から見えたのはこの人工島だった。当時のラザレフの人口は六万人にも達したという。現在の村民はわずか千五百人だ。廃屋と化したアパートの壁面には「１９５３」と年号を表す色タイルがはめ込まれたものもあった。

工事は海峡下の軟弱な地盤に薬剤を注入して固め

ラザレフの村外れに残るスターリントンネルの立坑跡

ながら掘削する方法がとられた。だが、コンプレッサーを使った掘削機などはなく、鉄棒やスコップが頼りで、工事中に天井部分が崩落したり、出水事故が相次いだ。栄養失調や厳しい寒さで亡くなる人も続出した上、逃亡を図り、射殺される者もおり、公文書の記録だけでも死者は三千人を超えるとされる。

　ポキビ側でも同時に工事が進められ、約三千人が工事に携わった。トンネルが開通したら、ポキビは「スターリンスラーブ（スターリンの栄光）」と改名するはずだった。

　ラザレフの村外れ、海峡に面した沿岸部にスターリントンネルの巨大な立坑がいまも残っていた。当時を知る住民のユーリア・サプリキナさんが案内してくれた。背丈ほどの雑木の林を通り抜けると、巨大な穴が口を開けていた。直径十メートル以上はあるだろう。現在は地上から二十メートルを残して土砂で埋まっている。穴の縁まで慎重に近づいて覗き込んだ。不気味な穴の底に引き込まれるような錯覚を覚えた。スターリントンネルの遺構は、現在はこの立坑とポキビの海岸線に残るダムサイトの残骸しかない。工事は一九五三年のスターリンの死によって中止されたのだ。

サプリキナさんによると、工事が中止された翌年の一九五四年ごろ、村の子供たちは、トンネルの入り口を偶然に見つけ、恐る恐る中へと入った。それは海峡の下へと通じる斜坑の入り口だった。

「トンネルの中は誰もおらず、真っ暗でとても広く本当に怖かった。二度目はランプを持ち込んでもっと奥まで進んだけど、地下へと続く闇がずっと続くだけで、その先は何も見えなかった」

子供たちがトンネルに入っていることを知った親たちは、落盤事故などを恐れて村役所にトンネルを埋めるように訴えた。だが、トンネルはあまりにも巨大すぎて簡単には埋めることができず、斜坑の入り口をコンクリートでふさぐのが精いっぱいだった。ラザレフではもうスターリントンネルのことを知る人も少ない。サプリキナさんは「当時は人が多すぎて住宅が足りなかったほど。トンネルが開通していたら、ラザレフは交通の要衝となって、今とはまったく違っていたはずなんですが」と寂しそうに語った。

その後、ラザレフは周囲の豊かな森林資源を輸出するため、年間百隻以上の木材運搬船が入港した時代もあった。

村外れのラザレフ港に立ち寄った。木材が同港から輸出されていた頃、作業員たちは八時間勤務の三班態勢で木材を輸送船に積み込み、活気にあふれていた。だが、二〇〇六年を最後に木材の輸出はストップし、港内には土砂が流入し水深はわずか一・五メートルという地点もあり、浚渫作業をしなければ大型船は入港できないという。港内には壊れたクレーンなどが放置され、まるで産廃処理場のようだ。村に残る人の仕事は、海峡下を通る石油パイプラインの維持のためのスタッフ、郵便局、食料品店ぐらいで、若者たちは村を去り、過疎が進む。

最初に訪れた十九年前、村役場向かいの建物のカフェで昼食を取ったことを思い出した。建物は現在もあったが、窓には板が打ち付けられ店は閉まっていた。

ラザレフから周辺地域の中心地デカストリまではガタガタの悪路を車で四時間かけて行くしかない。路線バスや鉄道もなく、まさに「陸の孤島」である。寂れる村は疲弊するロシア極東の典型といえる。

二〇一一年、ラザレフ村に久しぶりの朗報が届いた。それは海峡を横断する巨大橋の「着工内定」の知らせだった。ニコラエフスクナアムーレの地元行政府の職員がやってきて説明会も実施された。村職員ナジェージダ・ヤコブレワさんは「これで仕事が増える。人々は村を去らずに済む」と喜んだ。村にとっては「スターリントンネル」以来の一大国家プロジェクトだった。

海峡横断橋の具体的な青写真はまだ示されていないが、構想では間宮海峡を越えて、サハリン・ユジノサハリンスクとアムール川中流域の工業都市コムソモリスクナアムーレ間約千二百キロを鉄道で結び、サハリン経由でモスクワまで鉄路で行けることになる。

だが、現在、プロジェクトの動きは止まっている。地元行政府からラザレフ村への説明は「資金不足」。村は期待するが、石油の価格が暴落したり、米国との関係が悪化するなど国際情勢が混沌とする中で、住民はばく大な資金を必要とする海峡横断橋計画の実現に懐疑的だった。

二　大陸上陸の地・タバ湾へ

間宮林蔵の旅に戻ろう。

林蔵は、ノテトの村長コーニの好意で、一八〇九年(文化六年)八月、アムール川の交易地デレンへ向かう交易隊への同行を許された。同行者はコーニをリーダーに、男四人と女一人に子ども一人と林蔵の八人だった。林蔵たちは八月七日(六月二十六日)、サンタン船に乗り込んでノテトを出発した。船の全長は約九メートル、幅は約一・二メートルだった。

海峡の最峡部はわずか七・三キロだが、潮流が速く、風の影響もあり、横断は簡単ではなかった。七日はあいにくの向かい風が吹き、船は海峡を越えられず、途中から針路を変えて北へと向かい、ラッカ岬(ナッコ岬)に舟を着けた。その後、毎日のように海は荒れて舟を出せずに五日間も同岬で足止めされた。ラッカ岬はポキビより約四十キロ南の岬で現在はラハ岬と呼ばれる。

林蔵は『東韃地方紀行』の中で、海峡の横断時の様子をこう記す。

「(日本では)暑い頃だというのに、この辺りの風はとても冷たく、濃霧が立ち込めている。雨の降る中で蓑笠をつけずにいるように衣服も湿ってしまった。魚も少なく、(ラッカ岬での)滞在中は草の実ばかりを食べていた」(相原訳)

林蔵が海峡横断に漕ぎ出したラッカ岬（ナツコ岬）の図（『北蝦夷図説』）

八月十二日、ようやく舟を出したが、依然として海峡には霧が立ち込めて、方角さえわからなかった。海上を三里半（十四キロ）ほど航行すると、ようやく大陸のモトトマル岬が見えた。

林蔵が描いた『北蝦夷島地図』を見ると、林蔵たちの航跡が点線で記され、ラハ岬から対岸の岬までの間を横断したことがわかる。現在のネベリスコバ岬である。林蔵たちが海峡をようやく横断したのはノテト出発から六日後のことだった。

林蔵ら一行は、モトトマル岬から大陸の東沿岸に沿って南下したが、カムカタという岬に差し掛かると潮流は速くなり、急流のように波が逆巻き、舟はばらばらになりそうになった。林蔵とコーニたちは力を合わせて舟を操り、約一キロ南のロロカマチーという場所に舟を着けた。林蔵の地図と現在の地図を照らし合わせると、ラザレフ南側のチハヤ湾と思われる。

そこは入り江になっていた。比較的波は穏やかで、林蔵らは舟をつなぎ、海上の風が収まるのを待った。その間にコーニらは群れるマスを獲り、海水で煮て林蔵にふるまってくれた。木の根や草の実ではとても満腹にならなかったが、ようやく魚を腹いっぱい食べて林蔵の腹痛も治った。太陽が西へ傾くころにようやく引き潮になり、沖の波も穏やかになったため再び舟を出して、六キロほど南のアルコエに泊まった。

林蔵の地図には各地の地名が細かな文字で記入されて、懸命にコーニらから地名を聞き取る林蔵の姿が目に浮かぶ。

ノテトからデレンまでの旅は、現地民の家などに泊めてもらった以外は基本的に海岸や川岸に仮小屋を建てて野営だった。仮小屋といっても、しなりの良い柳の木の枝をトンネル状に地面に突き刺して、その上に舟の雨よけの木の皮をつなぎ合わせた覆いを被せるだけの簡素なものだった。

とても八人全員が横たわるだけのスペースはなく、夜はしゃがむように腰を下ろしているだけで、窮屈で体を動かすこともできず、雨の日も炊事は外でするしかなかった。デレンに来ていた先住民たちも同じような仮小屋に泊まっていたと林蔵は記録する。

林蔵を追う私の旅も野営することは珍しくなかったが、少なくとも寝袋に入り、体を横たえることはできた。テントの入り口はメッシュで蚊は防げた。侵入してきた蚊も日本製の蚊取り線香で撃退し、快適さという点では当時とは雲泥の違いだった。シベリアは蚊の数も多く、安眠できないと

サンタン船の図（『北蝦夷図説』）

体力を消耗し集中力も落ちてしまう。サハリンや北極圏などシベリアで野営する場合、風があるかが気になる。風さえあれば蚊の心配がないからだ。

林蔵は虫の襲来に難渋した。仮小屋は雨をしのぐのが精いっぱいで蚊までは防げない。

「この周辺はどうしたわけか、カゲロウや蚊が多く、空中にヌカをまき散らしたように群がっている。それが人の顔や手足にまとわりつき、我慢できたものではない。しかし、それも日中のことで夜になるとどこかへ行ってしまう」（『東韃地方紀行』、相原訳）

コーニたちは野営する際にはサンタン船を必ず陸に引き揚げていた。サンタン船は堅牢ではなく、波によって岩などに当たり壊れてしまうのを防ぐためだった。

一行は、アルコエからトーウシボー、トエカタムラカローを経て八月十三日、ムシボーに到着した。ここからアムール川へ向けた峠越えが始まった。現在、林蔵が大陸の第一歩を記したムシボーは、デカストリから北へ約二十キロ離れたタバ湾であることが判明している。地元のデカストリ町によると、チハヤ湾南のユージヌイ岬からデカストリまで約四十キロの間の海岸線は断崖が続き、上陸できる地点はタバ湾しかない。以前、ルプロワ村を訪ねた子孫の間宮正孝さんも、デカストリからルプロワへ向かう途中、この沿岸を通過し絶壁が延々と続いているのを確認し、林蔵の記録通りだったと語っている。

三　衛星写真のような林蔵の地図

林蔵たちはムシボーの浜で泊まった。

翌八月十四日、舟に積み込んでいた荷物すべてを降ろして、まずは空になった船を引っ張って、おおよそ二十町（約二・二キロ）ある山道と峠を越えて、小さな小川が流れるタバマチーという場所に出た。そこに舟を置いて、再びムシボーの浜まで荷物を取りに戻り、何度か往復してすべての荷を運び終えて、タバマチーで野営した。タバマチーの場所は現在の地図や衛星写真、林蔵が残した地図から判断すると、タバ峠西側の小タバ川とタバ川の合流地点と推測される。衛星写真と林蔵が作成した『北蝦夷島地図』の海峡部やムシボー周辺の地図とを見比べると、その精度の高さに驚かされる（第五章扉の地図参照）。海峡最狭部のカラフト側と大陸の位置関係や岬の形、さらに大陸側の小キジ湖とキジ湖のつながり具合など、舟上から計測や歩測と携帯していた杖付き方位盤だけでこれほど精巧な地図を描けるものなのか、という素朴な疑問だ。まるで衛星写真を見ながら地図を描いたように正確なのである。

国立アイヌ民族博物館設立準備室の佐々木史郎主幹（国立民族学博物館名誉教授）は「林蔵の地図を見て不思議なのは、彼は空から見てないから水平線上の島はわからないはずなのに、ちゃんと島を正しく記録している。まるで鳥の目をもっているようだ」と驚く。タバ湾からタバマチーの距離についても、林蔵の記録の二・二キロに対して、衛星写真では二・六キロであり、距離的や方向的にもほぼ正確だ。林蔵は荷物を担ぎ、舟を曳きながら歩いているわけだが、そうした状況の中でなぜこのような正確な測量ができたのだろうか。

林蔵はムシボーの記録の中で重要な指摘をしている。

「東韃靼（海峡周辺や大陸の沿岸地域）の諸民族でデレンにおいて交易しようとする者は、すべてここ（ムシボー）から舟を陸揚げして、引っ張って山越えするので、その山道は街道のようになっていた。夏の間は人々の往来が絶えることはなく、林蔵がこの地に来た時も、キャッカラとかキムンアイノと呼ばれる諸民族など舟八、九隻が来ていた」（『東韃地方紀行』、相原訳）

この記述から読み取れることは、周辺各地の朝貢・交易隊もタバ湾―タバ峠ルートで小キジ湖、キジ湖を経てアムール川のほとりにあった交易地デレンを目指したということである。つまり、このルートはカラフトや大陸沿岸の先住民族がアムール川に出るためのメーンルートであったことを意味する。

江戸時代、中国の絹織物の主産地・南京や蘇州と、蝦夷地（北海道）を結んだ「北のシルクロード」と呼ばれる交易活動は、日本では山丹交易とも呼ばれ、毛皮と絹織物という当時の二大商品が行き交う道だった。そして、その担い手がニブフやウリチやアイヌら北方先住民族だった。そのルートは、中国からアムール川に入ってからは、デレンを経てキジ湖―タバ湾―間宮海峡へ。さらにカラフトの日本海側にそって南下し宗谷海峡を越えて、日本海沿いに下り津軽海峡に面した北海道の松前に達した。その総延長距離は約五千キロにおよぶが、ほとんど川と海を利用していた。このタバ峠―タバ湾ルートは唯一の陸上部分かもしれないのだ。

デカストリからタバ峠に向かう道。最も低い場所がタバ峠

私はタバ湾を訪ねたいとずっと願っていた。

林蔵が大陸への第一歩を記した記念すべき地であり、自分の目で探したいものがあった。

後輩の北大探検部員が二〇〇二年二月から三月にかけて、林蔵の足跡を追いかけ、サハリンのポキビから結氷した間宮海峡を山スキーでそりを曳きながら横断して、タバ湾からキジ湖、アムール川の合流地点にあるマリンスコエ村まで踏査した。参加した国分亙彦《のぶを》君は、非常に興味深い情報を教えてくれた。それは「タバ峠近くに車道とは異なる明らかに古い道がある」というものだった。

私は、その「古い道」とは林蔵たちがたどった「街道」の可能性があると考えた。気象条件が厳しく、植物が育ちにくい高緯度地帯では人が踏み固めた道が残っていることがよくある。サハリンの北緯五〇度の安別で、七十年以上も前に日本人が日露国境線と国境標石を訪ねるために登った山道が一部だが残っているのを見ていたし、北方領土・色丹島の太平洋岸でも、日本の元島民たちが通り、いまは誰も歩かない「日本人の道」があるのを目撃していた。中部千島には「アイヌの道」もあるという。

林蔵が記録した道が周辺の諸民族の交易路であり、当時の主要ルートであったならば、道は長い間踏みしめられて、その跡が残っていてもおかしくない。

以来、私はある風景を想像していた。それは一本の坂道が円形のタバ湾から海岸段丘の上まで伸びて、そのまま小高いタバ峠までまっすぐに通じている光景だ。周囲にはだれもおらず、眼下の群青の間宮海峡からタバ湾に波が打ち寄せ、周囲の松林が海風に揺れている――。

タバ湾を訪れたのは二〇一三年十一月だった。当初の取材予定はハバロフスクから陸路を約千キロ走って、ニコラエフスクナアムーレまで行く予定だったが、未舗装の穴ぼこだらけの悪路に予想以上の時間を費やして、デカストリ手前の峠も雪に阻まれた。ようやくデカストリに到着した時は、ニコラエフスクナアムーレまで行くための時間がないことがはっきりとした。

急きょ取材プランを変更し、サハリンからパイプラインで送られた石油の積み出し基地であるデカストリと、林蔵が記したタバ湾の取材に切り替えた。ロシアではさまざまな理由で取材が急きょキャンセルになることは珍しくない。次善の策を考えておく必要が常にある。

サハリン1のデカストリ基地は、同町北側の沿岸にあり、容量六十五万バレルの巨大石油タンク二基がそびえ、敷地面積は約百ヘクタールと広大だ。沖合にはクレーンのような石油出荷ターミナルが海から突き出し、大型タンカーが横付けしていた。サハリン1は、サハリン2と並ぶサハリンの石油・天然ガス開発事業であり、米エクソンモービルと日本のサハリン石油ガス開発（新SODECO）、ロシアのロスネフチなどが参加している。二〇〇六年にデカストリからの石油輸出を開始し、鹿児島県にある日本の石油備蓄基地や韓国などに輸出している。

地元のデカストリ町によると、同基地は二〇〇三年に着工。日本人のほか、多数の米国やトルコ、インド人の技術者らが来町し、町の人口はピーク時で現在の三千二百人の倍以上の七千五百人となり、町は活況に沸いた。ワレリー・チェバルギン町長は「町民にも建設関係の仕事がたくさんあり、失業者は一人もいなかった」と振り返る。だが工事が終わると人々は潮が引くように町を去った。

同基地では米国人技術者ら約二百七十人が働いているが、多くが基地内で暮らしており、地域への経済効果は限られている。町民の雇用も約三十人程度にとどまるという。

基地の隣接地では、ロシア最大手の石油会社ロスネフチ社が、既存の石油出荷施設を大幅に改装し、新ターミナルを造る計画を進めている。コムソモリスクナアムーレで生産した石油製品をパイプラインでデカストリまで送り、輸出する計画で、同町長は「工事は三年ぐらい掛かると聞いている。早く着工してほしい」と期待していた。

以前、町には日本企業も参画していた木材加工場が操業し、町民約二百人が働いていた。日本の商社が資本参加し、富山県の製材加工業者が現地で技術指導した。しかし、ロシア側の不手際で会社の運営が混乱。二〇〇〇年ごろに日本側は撤退を余儀なくされた。町によると、その後も中国や韓国向けに加工材を輸出していたが、二〇〇三年に休止し、町民は全員が解雇された。現在は松などの丸太を中国などに輸出しているだけだ。かつて木材輸出でにぎわった町は寂れるばかりだった。

ワジム・フェドトフ町議会議長は「サハリン１の米エクソン社は多額の寄付など町に大きく貢献してくれている。だが町民の雇用の場も必要なのです。そのために日本企業に再進出してもらい、木材加工場を再開したいのです」と強く訴えた。だが、日本の木材業者によると、二〇〇〇年以降、ロシア政府が丸太の輸出関税を引き上げ、日本の商社は極東から相次いで撤退。すでに北欧などの集成材が多く輸入されており、ロシア極東への再進出は現実的ではないという。

取材の最後に同町長らに、二百年以上も前にサハリンからタバ湾経由でアムール川に至る交易路があり、多くの先住民が行き来していたことを知っているかと尋ねた。町長は「そうしたことは初めて聞いた。本当ですか」と驚いていた。町の文化担当者も同じで、「そんな話を聞いたことはない」と話した。

二〇一三年十一月五日、念願のタバ湾へと向かった。

デカストリからニコラエフスクナアムーレへ向かう幹線道路から分岐した未舗装の道路に入り、北へと進んだ。持参していた縮尺百万分の一の地図では、タバ湾という名前は記されておらず、GPSとカーナビの地図が頼りだ。ロシア極東では日本のように詳細なGPS用地図は市販されておらず、三十万分の一の大雑把な地図しかない。道路と並行して、間宮海峡とデカストリとを結ぶ石油パイプラインが森の中を走っているはずだ。

タバ湾へと下る道はきっと細い林道だろうから、見落とさないようにゆっくりと進んだ。デカストリから約二十キロ、カーナビ上は小キジ湖と海峡が最も狭まる地点に差し掛かった。この近くに違いないと注意しながら走っていくと、枯れた草地が広がる空き地に出た。そこから東へ向かって一本の林道が伸びている。ここだと直感した。よく見ると西側の小キジ湖方向へも踏み跡がある。タバ峠に違いない。GPSが示す緯度は北緯五一度三八分一七秒、東経一四〇度五二分一八秒だった。間宮海峡から来れば、ここが峠となり、これと垂直に交わる南北方向の道を来れば、一番低い鞍部となるわけだ。

日没までそう時間はない。さっそく海へと伸びる林道を歩いて進んだ。林道のすぐ右側にほぼ平行に海側へと伸びる細い川があることにすぐに気付いた。うっすらと雪が積もっているが川に間違いない。この川を国分君は「古い道」と思ったのだろう。本来の林道は道幅五メートルほどでぬかるみ、あちこちに大きな水たまりができていた。海峡方向にゆるやかに下り、周囲はカラマツやト

間宮林蔵が上陸したタバ湾

ドマツの林が広がり、幹の太さは直径二十センチほどのものがせいぜい。地表はコケがびっしりと生えている。

途中から海が見えた。ジェーニャが「ほらっ、大きな岩がありますよ。あそこがきっとタバ湾でしょう。間違いないですよ」と喜びの声を上げた。道はゆるやかに海へと下り、タバ湾の全容が眼下に見えた。

タバ湾は想像より大きく、ゆるやかにカーブを描いた三日月形の湾で、黒っぽい砂の浜が四百メートルほど続いていた。海峡から打ち寄せる波が砂浜を洗う。湾の北側は高さ二十メートルほどの岩の崖が連なり、南側も崖が続いている。遠くにデカストリ沖のサハリン1の石油輸出ターミナルが見えた。

四　林蔵の記録通り「街道」発見

一八〇九年八月十三日(文化六年七月三日)、林蔵とコーニらはこのタバ湾に上陸して、浜で野営した。私もここで泊まりたいと思った。

間宮林蔵のカラフト探検を描いた絵本作家の関屋敏隆さんは、当時北大生だった国分君から話を聞いて、著作『まぼろしのデレン　間宮林蔵の北方探検』の中で、林蔵とコーニら一行がこのタバ湾で野営する場面を雄大に描いた。夜空には天の川が輝き、海峡の向こうのカラフトを結んでいる。小さなたき火の傍らで林蔵らが天を仰ぐ。もしも、ここで野営したら関屋さんの絵の通りだと思った。

波打ち際をゆっくりと歩き、湾周辺の斜面に目を凝らした。必ず坂道があるはずと念じながら。

「あれっ。あれって道じゃないですか」と、同行した北海道新聞社のカメラマンの北波智史君が指さした。その方向を見ると、葉を落とした広葉樹と、針葉樹が生えた斜面の中を一直線に伸びる道が目に入った。道は海岸段丘の上まで続いていた。草を踏み分けたような一本のはっきりとした道だった。思わず興奮して足早に近づいた。

道幅は五メートルから七メートルほど。道をたどると左右の土の斜面は切り通しのようにきれいなV字形に削れていることがわかった。その真ん中を走る道は標高約二十メートルの段丘の上までまっすぐに伸びていた。坂道の上と下の二地点でGPSを使って位置を測定した結果、坂の長さは約六十メートルとわかった。周辺の小川と砂浜までを含めて全体では百二十メートルほどになろう。水平距離と高さから割り出すと、坂の斜度は約二〇度あり、かなりの急こう配だ（口絵2参照）。

段丘の上まで伸びた道は、西のタバ峠方向から流れてくる小川と合流していた。先ほど林道の出発点で見かけた川に違いない。道は、浜と小川までの接続路と考えるのが自然だろう。決して自然にできたものではない。二〇一四年五月にラザレフへ行く途中で再び立ち寄った際、小川にはわずかだが水が流れて、私たちが見つけた道からやや離れた場所には高さ十メートルほどの小さな滝となり、その水は浜へ落ちていることも確認できた。つまり、この道は滝を迂回するためのものと考えられた（第五章扉裏の地図参照）。

この道が現代のものではないことも間違いない。理由としては、タイヤのわだちはなく、第一にV字形の沢形の道路などはないだろう。ごみもまったく落ちておらず、地面は固く締まり、草や木は生えていない。長い間使われていたが、最近は歩く人はいないようだ。

北大探検部の報告書「2002キジ湖踏査結果報告」（簡易版二〇〇二年）には、この坂道の記述はない。積雪期だったため、浜から見ても雪に隠されて見えなかったのだろう。

結論から言えば、私はこの道こそ林蔵がコーニらとサンタン船を曳いて登り、デレンへと向かった「街道」ではないかと考えている。長い間、舟や人が行き来したため、地面が固く締まったのではないか。左右の斜面が崩れないように一部を掘削したことも十分に考えらえる。ここで舟を曳いて汗をかきながら登る林蔵たちを想像すると胸が躍った。林蔵以来、この道を歩いた日本人はもしかすると私が初めてかもしれないとも思うと、ぞくっとした。ロシアの研究記録にも、デカストリやその後訪れたブラバ村の文化担当職員も知らない道だった。

帰国後、現地で撮影した写真と映像を北東アジア史の専門家三人に見てもらった。

北大探検部の元顧問で、いつも取材上のアドバイスや資料を教えてくれる北大の菊池俊彦名誉教授に概要を電話で伝えると、「間宮林蔵が歩いたあの有名な坂道ですか」と驚き、わざわざ会社まで来てくれた。菊池教授は映像と写真をじっくりと見たうえで「これは大変な発見です。思っていたよりもかなり大規模に掘削されている。こんな道が残っているなんて思ってもいなかった。これを見たら東京などの研究者はどう言うでしょうか。楽しみですね」と語った。

「なぜ、このタバ湾ルートが当時のメーンルートだったかわかりますか」と菊池教授は逆に質問してきた。

「アムール川河口まで下る、もしくは河口からキジ湖周辺までさかのぼるよりもはるかに省エネだったからではないですか」

「その通り。まさに省エネのためのショートカットルートなのですよ」と菊池教授はうなずいた。

間宮海峡に面するポキビ（林蔵が記録するポコベー）を出発点として、アムール川とキジ湖の合流点のマリンスコエ村（キチー）までの距離を測ると、アムール川河口経由だと約三百八十キロだが、タバ湾―タバ峠経由だと約百五十キロとその半分以下。川の流れをさかのぼる労力も想像に難くない。アムール川の岸辺に立つと、意外に流速が速いことに驚かされる。場所にもよるが人が歩く速さほどの場所もあった。エンジンなど動力はなくて、すべては人の力に頼っていた時代、アムール川河口からわざわざ何百キロも余計にさかのぼることは無意味だろう。私が当時の交易民ならばそんな無駄なことはしない。タバ湾ルートならば、標高五〇メートルほどのタバ峠さえ越してしまえば、さほど大きな労力なくしてアムール川本流まで達することができる。

シベリアの先住民族やロシア人も移動する際には、川と川をつなぐ最短ルートを選び、舟を曳いて峠を越えて、別の水系に出るのが常だった。

菊池教授に現地のロシア人はまったく知らないようだとも伝えると、ロシア側の事情についても教えてくれた。極東のロシア人学者は旧石器を研究する考古学者はいるが、ロシア人と関係がない時代にはほとんど関心を示さないというのだ。中国と日本を結んでいた山丹交易が盛んだった中世から近世までは関心を持つ研究者はごく少数という。以前、ともにサハリンを歩いたシュービンさんにも事情と聞くと、「極東でこうした時代の研究をしているロシア人はもともと四人しかいなかったのですが、一人は交通事故で亡くなり、二人は引退し、残るのは一人だけ。その人もいまはやっていません」と語った。

佐々木史郎・国立民族学博物館名誉教授は「これは素晴らしい発見です。映像からは、土の斜面を明らかに削っており、林蔵たちが歩いたことも十分に考えられます。（タバ湾に落ちる）滝は登れないから、人々はこの坂を登って、川沿いにタバ峠へと向かったのではないでしょうか。ウリチやナナイの人々も、アザラシ狩りのため、キジ湖からデカストリ方面へと向かっているのですが、その時にもボートを曳いて向かっている。たぶん、このルートを使っていたのではないでしょうか」と指摘した。

衛星写真と照合した結果、峠近くの「古い道」とは、やはり同湾に流れ込む小川と同一のものらしいこともわかった。

別の興味深い情報を教えてくれたのが、函館高専の中村和之特任教授だった。中村教授は「林蔵がムシボーからキジ湖、アムール川へと抜けたことははっきりとしており、上陸地点はこのタバ湾しかありません。坂道は舟を曳きあげたもので先住民たちの交易ルートだった可能性が強いと思います。そのために長い間、拡張や修復をしていたのではないでしょうか。調査を行う価値は高いと思います」と話した。その上で、「タバ峠近くには角材を敷き詰めたような跡はありませんでしたか」と思いもしない質問をしてきた。

理由を聞くと、帝政ロシア時代の一八五〇年代、アムール川流域を調べたドイツ生まれの地理・民族学者レオポルト・フォン・シュレンクは、調査時にシーボルトの名著『日本』を携帯していた。これには林蔵の『東韃地方紀行』と『北蝦夷図説』のドイツ語訳が掲載されていたという。シュレンクはその著書『アムール地方の諸民族』の中で、「われらが林蔵」とか「偉大な林蔵」といった表現で、林蔵への尊敬の念を示し、次のように触れている。

「デカストリ湾の北方、小さなタバ湾のほとりで、アムール川本流から海岸に至るオルチャ（ウリチ）の生活圏の中心を通る自然にできた最短路は終わっている。この道は、アムール川本流から東の方へ分岐しているキジ湖と、その北東から同湖に流れ込んでいるタバ細流（タバ川）を通っている。この細流は、沼地の部分もある細長く狭い土地でタバ湾と隔てられているだけである。ここには古い時代に、おそらくオルチャによって地面に横に並べられた角材の列が置かれており、その上をオルチャの舟がタバ細流から海へと曳かれていたのである」

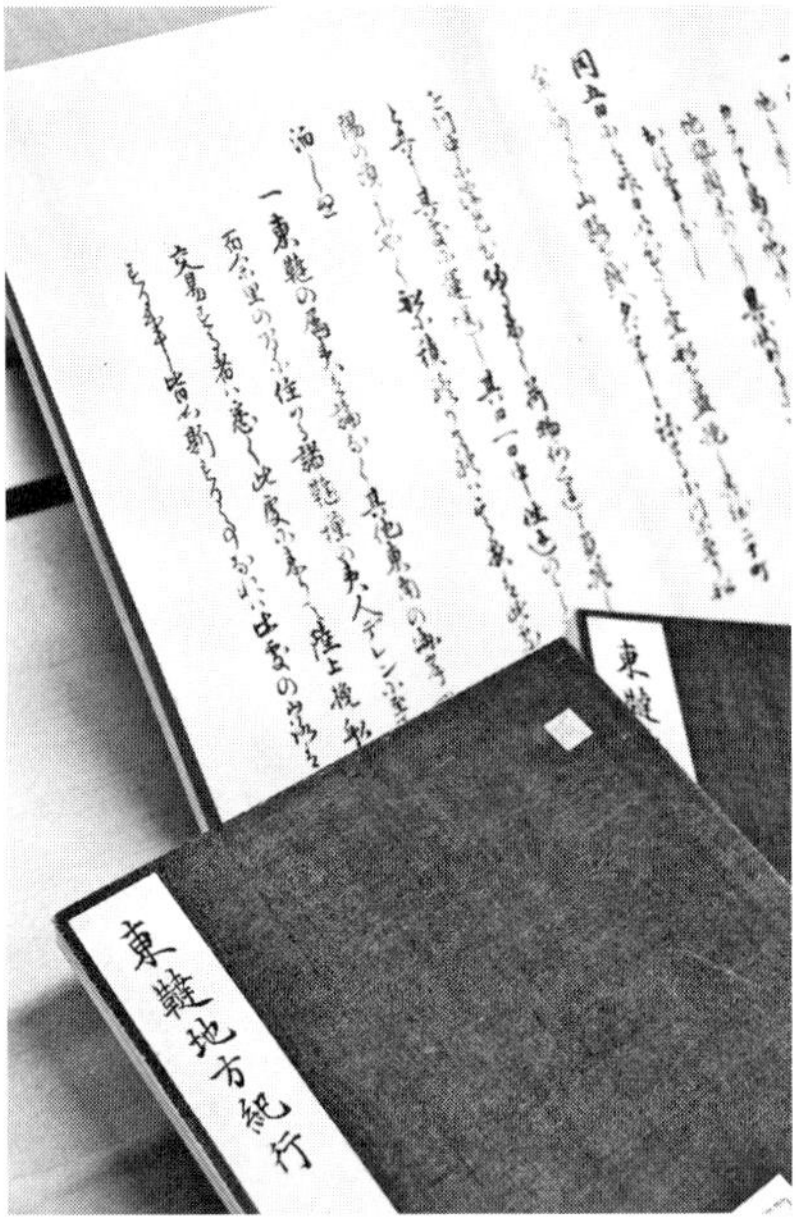

タバ峠と坂道について記述がある『東韃地方紀行』（複製）

中村教授が角材の跡について尋ねた理由は、このシュレンクの記述にあった。残念ながらその角材の跡は見たことがなかった。だが、シュレンクが林蔵の情報を知りつつこの地を歩いたという史実が強く印象に残った。

中村教授もタバ湾ルートはもっと古くから存在したのではないかと推測する。

十三世紀、モンゴル帝国はアムール川下流域にも進出し、現在のティル村に東征元帥府を置いた。モンゴルはカラフトへも進出し、アイヌ民族との紛争が絶えなかった。アムール川流域でのアイヌと元との戦いも記録され、地名から場所が特定できるケースがあり、うち四カ所はキジ湖周辺にあるという。

中村教授は続けた。

「この時、アイヌはタバ湾―タバ峠ルートでキジ湖まで向かったと考えるのが自然です。季節が暖かくなってきてからこのルートで大陸へと向かい、寒くなる前にサハリンに戻ったのでしょう。その際にわざわざ、アムール川河口から遡ったとは考えられません」

中村教授は、タバ湾ルートはモンゴル進出の十三世紀から、明治になって山丹交易が打ち切られる十九世紀まで、つまり一二六〇年から一八六〇年頃までの約六百年間にわたり、使われていたとみる。


千島列島の調査などで有名な人類学者鳥居龍蔵博士も一九二一年にタバ峠を通過している。鳥居博士は、一九一九年と二一年にサハリンやアムール川河口のニコラエフスク（ニコラエフスクナアムーレ）などを訪れた。この間の二〇年の三月から五月にかけて、ニコラエフスクの日本軍守備隊と居留邦人約七百人が赤軍パルチザンに惨殺される尼港事件が起きた。当時ニコラエフスクは漢字の「尼」を当てて「尼港」と呼ばれていた。現地の石田虎松副領事と一家も犠牲となり、日本領事館は焼け落ちた。

二〇一四年に現地を訪ねたが、領事館跡地には当時の門柱の基礎部分だけが残り、ほかは何もない。日本海軍の艦隊は、救出に向かうがアムール川と海峡が結氷して、救援部隊がたどり着いた時には邦人はすでに殺害され、原敬内閣は国民世論の大きな批判を浴びた。鳥居博士は、事件翌年の二一年、当時ニコラエフスクで手広く事業を展開していた島田商会の島田元太郎を再び訪ねた。ニコラエフスクの焼け野原となった街を視察し、「パルチザン惨虐の禍を受けた同市は実に惨憺たるものであった」と書いている。

鳥居博士は、二一年に東郷丸という客船でニコラエフクからアムール川に面したマリンスク（マリンスコエ村）経由でキジ湖に入り、そこから馬車で森林地帯を横断して、デカストリへと向かった。林蔵がタバ湾からキジ湖に抜けたルートとタバ峠で交差している。

「行けども行けども左右の大森林は鬱蒼としてどこまで続いているかわからない。リスが枝から枝に飛び移る有り様とか、鳥がさえずってその声がこだまして響き返すとかいったところは、実に深山幽谷というような粛然たる感じである」と、鳥居博士は著書『ある老学徒の手記』に記す。林蔵が旅した当時の様子を想像できる。森林はその後伐採されたためか、現在では木々はそれほど太くはない。

鳥居博士はこの著者で林蔵の旅にも触れている。

「タバ峠は（沿海地方を南北に貫く）シホテアリニ山脈北の最も低い部分に当たり、上下しやすく、当時の諸民族にとって日本海と黒龍江（アムール川）との間の唯一の交通路だった。これは間宮林蔵の東韃地方紀行を見てもよくわかる。林蔵は北樺太のノテトから海峡を渡り、このタバ湾に着いてから、いま述べたような通路を取って黒龍江に出たのである。（中略）今はデカストリの方が海路の中心となって、タバ湾は捨てられてしまったけれども、デカストリは汽船の停泊地として開けたわけで、昔の丸木舟の交通としては、この小さいタバ湾の方が便利だった。タバ湾は当時の先住民たちの中心であった」と丁寧に解説している。

日本人がこの地域に行けた時期は、日露戦争後に沿海州でも露領漁業が行われていた時代や鳥居博士が訪ねた大正時代の一時期を除いては、ソ連時代はほぼ不可能で、ようやくソ連が崩壊して以降となる。だが、日本から行くにはハバロフスクから約七百キロを片道二日間掛かりか、ニコラエフスクナアムーレまで飛行機で飛んで陸路を一日走って行くかしかなく、いずれにしてもかなりの移動となる。このためか、タバ湾へ行った日本の研究者はほとんどいないと聞く。ロシア人研究者も関心がないため、本格的な調査が行われていない「空白地帯」なのだろう。

林蔵が書き残した道がそのままの形で残り、「北のシルクロード」の大陸側のゲートウエイが誰にも知られずに存在するかもしれないことが、菊池教授ら専門家を驚かせたのだ。将来、日ロ両国の研究者によって、タバ湾とこの坂道周辺の発掘調査が実現すれば、当時の人々の交流や移動を裏付ける新たな発見があるかもしれない。

タバ湾からタバ峠を越えた林蔵ら一行は、八月十五日にタマバチーを出てタバ川を下った。あちこちに岩の浅瀬が露出していて、うまく舟を下らせることができなかった。仕方なく、林蔵らは舟

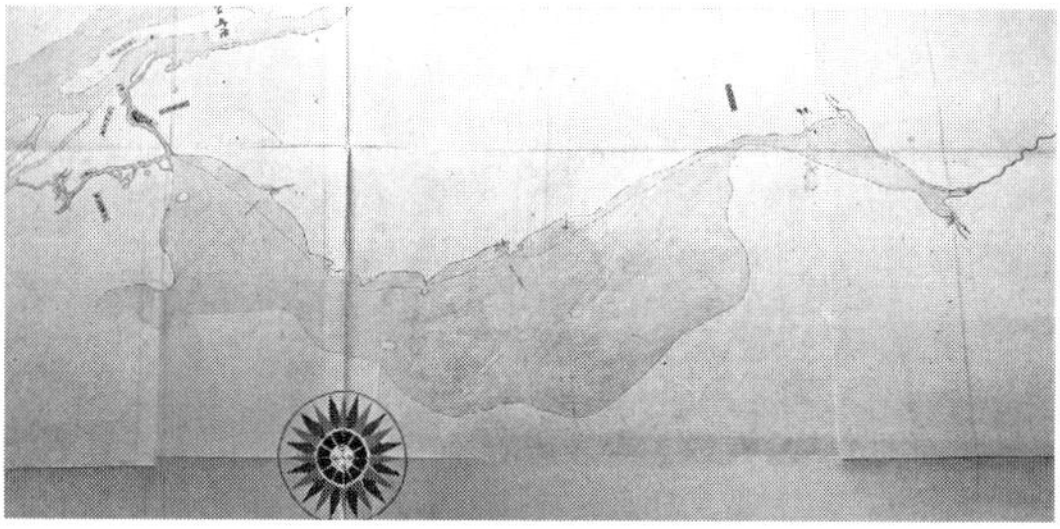

上：林蔵が描いたキジ湖と小キジ湖(右側)の地図(『北蝦夷島地図』)
下：タバ峠近くからキジ湖へと流れ出すタバ川

から降りて舟を曳いた。水はきれいだったが、水温は冷たく骨までしみ通るようで痛くてたまらなかった。蚊も多く、林蔵を悩ませた。濃霧が立ち込め、周囲の様子はよく見えなかったが、ようやくキチー湖(キジ湖)の入り口に到着した。タバ峠越えを終えたのだ。

取材時、タバ峠からデカストリ方向に三キロほど北側の地点で、幅三メートルほどの小川が道を横切り、西へと流れていた。周囲は湿地帯となっており、この流れがタバ川とみられた。林蔵はタバ川を下った後、キジ湖に出た。湖のほとりで、林蔵は旅の途中、最も危険な目に遭う。

第六章

アムール川　幻の交易地

デレンと北方先住民

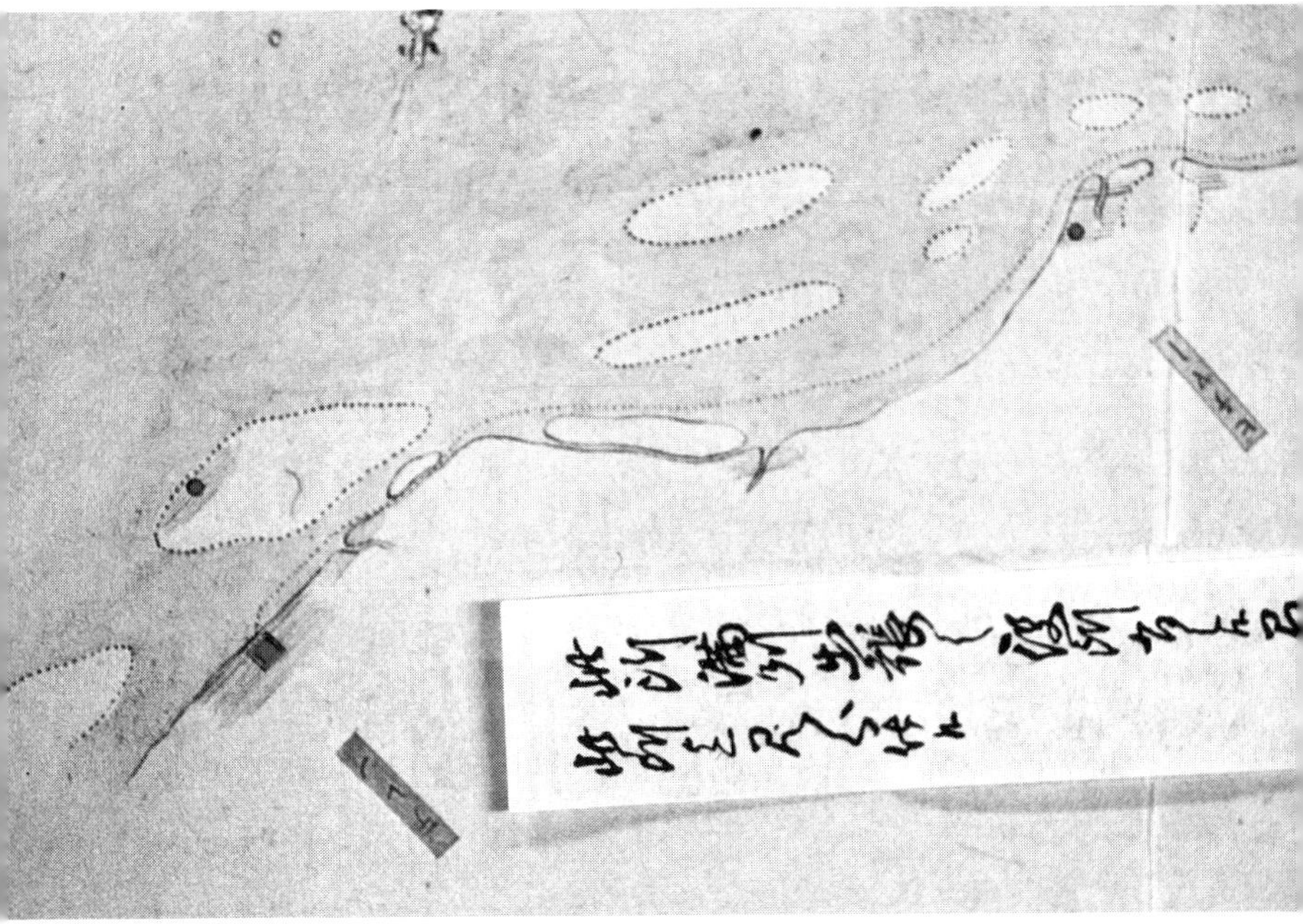

林蔵が描いたデレンの地図

蝦夷錦の渡来ルートと取材地点

→ 蝦夷錦の渡来ルート
○ 取材地点
オホーツク海
ニコラエフスクナアムーレ
マゴ
オージェルパフ
ノボイリノフカ（デレン）
ラザレフ
ポキビ
コムソモリスクナアムーレ
ブラバ
間宮海峡
サハリン
北京、南京へ
アムール川
ハバロフスク
ロシア
中国
ビキン川
クラスヌイヤール
クリリオン
宗谷
ウスリー川
北海道
小樽
日本海
N
松前
アムール川
（デレン）
ハバロフスク
松花江（スンガリ川）
ウスリー川
佳木斯（三姓）
牡丹江（ニンクタ）
南京へ
瀋陽（奉天）
北京

一八〇九年八月十六日（文化六年七月六日）、林蔵と朝貢・交易隊のコーニらはタバ川を下って、ようやく広々としたキジ湖に出た。キジ湖は東西に長い湖で、タバ川が湖に注ぐ地点からアムール川に面したマリンスコエ村（キチー）まで東西約四十キロあり、南北方向は約十キロだ。林蔵は、湖の両岸は岩の崖が続き、その間の湖面に島影は一つもないと記す。湖水はときには半減したり、水がすべてなくなり、湖底が露出してしまうことさえあった。運悪くこうした状況に遭遇したら、泥に足を取られながら舟を引くしかなく、大変な苦労をするとも書いている。

林蔵から約一世紀後の一九二一年（大正十年）七月、キジ湖を汽船で渡った鳥居龍蔵博士も「湖水は非常に広くて、漫漫たる水面鏡の如く、西の方にある一つ高い山が翠の影をこれに映し、風景はなかなか好い。発動汽船がだんだん湖心に向かって進むにしたがい、水中からは大きな魚が跳び上がって、甲板に飛び込むようなことがある。これは水が浅いから、魚が船に触れて驚いて跳び上がるのである。これをもって湖水に魚が多くいることが考えられる」（『ある老学徒の手記』）と書いている。

私はキジ湖を訪れることはなかったが、北大探検部調査隊は二〇〇二年冬、タバ峠から下り、林蔵と同じルートで結氷したキジ湖を東から西へと横断した。途中で泊まったチリバという集落の村長から聞いた話として、帝政ロシア時代、湖岸には先住民が住み、クロテンやカワウソ、ヘラジカ、アカシカ、ライチョウなどを狩猟して生活をしていたが、ソ連時代に林業を中心にした新しい村ができて、狩猟や漁労を止めてブラバ村やボゴロッコエ村に集団移住したという歴史を紹介している。

同部の報告書は林蔵と現在の地図とを比較して、「(林蔵の地図は)短期間に通過しながら作図したとはとても思えないほど、精巧に地形を表している。キジ湖のみに限って見ても、二百年前に作られた地図が、現在でもほぼ実用できる」としている。

林蔵は一八〇九年八月十六日、湖の真ん中のヌックランガターという場所に泊まった。日本の厳寒のような冷たい風が吹いて手足が凍えた。翌日に約二里半(十キロ)を舟で進み、翌十七日にアムール川に面したキチーに着いた。川幅は林蔵が想像していたよりもはるかに広かった。集落の戸数は約二十戸、村にはハラタ(氏族長)一人とそれに次ぐカーシンタ(村長)二人、満州語の通訳二人がいた。林蔵が到着した直後に事件は起きた。

林蔵は村のある家へ案内されると、主婦らしい女性二人が留守番をしていた。うち一人はコーニの妹という話だった。夕暮れ時となり、林蔵はその家の倉庫を借りて、久しぶりにゆっくりと手足を伸ばして寝たいと思った。ノテトを六日に出発して以来、ずっと窮屈な野営を強いられていたからだ。林蔵が舟から荷物を倉庫に運ぼうとしていると、住民たちが林蔵を見つけて次第に集まり、取り囲んで、倉庫の外へと連れ出そうとした。林蔵は「私は怪しいものではない」と、彼らの誤解を懸命に解こうとするが言葉が通じない。そうしているうちに、別の家へ連れ込まれてしまった。林蔵はガチョウの羽毛で作られたような布団の上に座らされた。すると、たくさんの村人らしい者がやってきて、代わる代わる抱き付いたり、頬ずりしたり、ある者は懐にまで手を入れようとした。仕舞いには手足を弄び、唇までをなめようとした。林蔵は困り果てていたが、しばらくして酒や肴をもってきて、しきりに林蔵に勧めた。

危険を感じた林蔵は知らんぷりをしていたが、年配の男が家に入ってきて、突然、林蔵の頭を殴りつけて、無理やりに酒を飲ませようとするなど乱暴を始めた。林蔵は、この連中は自分が所持している鉄器や測量器具などを奪うことを目論んでいるかもしれないと身構えた。

その時だった。林蔵を捜していた交易隊の一員ラルノという男が現れて、「おまえら、林蔵の旦那に何をしようとするのだ。そんなことは許さん」と怒鳴り付け、間一髪で林蔵を助け出し、舟が置かれた河原まで連れ戻してくれた。ラルノは「連中はあなたを殺そうとしていたのです。それを耳にしたので助けに行ったのです」と告げた。林蔵は倉庫へ案内されて泊まった。コーニの妹が林蔵の危機を知らせたのかもしれない。

二〇一三年十一月、私はマリンスコエ村より約二十キロ下流のブラバ村の丘に立った。眼下のアムール川の川幅は二キロ以上ありそうで、その雄大な光景を前に思わず「アムールはやっぱり広いな」と感嘆の声を上げた。ところが、隣にいたジェーニャは実に申し訳なさそうに「あのー。違います。目の前の川はアムール本流ではなく支流だそうです。地元では『マリンスコエ水路』と呼ばれていて、本流はずっと向こうです」と教えてくれた。「アムール川の本流はですね、この水路の向こうの湿地帯のさらに向こうだそうです。ここから二十キロぐらい先で、その先にも湿原があって…」

「えっ。本当なの。その湿地帯を含めるといったい川幅は何キロになるのよ」

ジェーニャは案内してくれた村人にさっそく聞いて「約五十キロぐらいです」。これまでもアムール川は広すぎて、一枚の写真に収めることが難しいとわかっていたが、幅二キロもの川が「支流」であるという事実に愕然とした。

ブラバ村を最初に取材した二〇一三年には、アムール川で大規模な洪水が発生して、ハバロフスクの市内も一部が冠水し、ロシアのテレビ局は連日、洪水関連のニュースを伝えた。この時、驚いたことがあった。アムール川の洪水は月単位で下流へと押し寄せるという事実だった。広大な湿地帯が周囲にあり、あまりに流域面積が広くて、その全長も長いため、日本の急勾配の河川とは異なり、洪水が押し寄せるのに時間が掛かるのである。翌年の二〇一四年にアムール川河口に近いニコラエフスクナアムーレで取材した際、街唯一の火力発電所が川岸にあるため、押し寄せると予想される洪水対策として発電所の周辺に慌てて盛り土したと聞いた。幸い洪水は土手を乗り越えることはなく、ニコラエフスクナアムーレは難を免れた。

ブラバ村に来た理由は、村にアイヌ民族の子孫クイサリ一族が暮らしていると聞いたからだ。村の住民は約二千二百人。ウリチ約七百五十人のほか、ナナイ約百十人、ニブフ、エベンキなど先住民族が多く暮らし、主な産業はサケ・マスなどの漁業だ。デカストリから連絡すると、一族の主立った人たちがブラバ村芸術学校に集まってくれた。

マリンスコエ水路の岸近くの村芸術学校はすぐにわかった。五、六十代の中年女性三人と男性一人、四歳ぐらいの女の子が待っていてくれた。あいさつをして「アイヌの子孫の方がこの村にいると聞いて日本からやって来ました。クイサリさんはどなたでしょうか」と尋ねた。すると、四人全員が笑いながら手を挙げた。「みなさん全員、クイサリさんなのですか」と尋ねると、「そうです。全員クイサリですよ」。アルヒナ・クイサリさん、ロスノド・クイサリさんの姉妹、親戚に当たるナターシャ・クイサリさんと学校長のユーリー・クイサリさんだった。

一族の歴史に詳しいナターシャさんは、家系図の巻物を開いて説明してくれた。巻物の長さは一メートルを超え、始祖はセキンという人物だった。

「クイサリの『クイ』とはアイヌという意味です。私たちの三代前に当たるセキンは、三人のきょうだい、両親の六人で北海道からアムール川にやって来て、セキンら兄弟二人がウリチの娘と結婚して住み着いたのです。その時期ははっきりしないですが、たぶん十九世紀後半でしょう。アルヒナとロスノド姉妹の祖父は、セキンの息子に当たります。セキンはサハリンの『ティスハ』という山のふもとに親戚がいたと話していたそうです」

ユーリーさんの父親宅の天井裏からは、アイヌ民族が儀式で使うための舟形をした木製の器も見

クイサリー族の家系図を広げて説明する
ナターシャ・クイサリさん

つかっていた。一族は葬儀の際、死者に白い死に装束を着せる。これも先祖代々の伝統で、ウリチにはない風習という。結婚時には青色のガラス玉の首飾りを、新郎から新婦に贈る習慣も昔はあった。

なぜセキンらが北海道から移住したのか、そのいきさつについては不明だが、同村で一族から聞き取り調査をしたアイヌ民族博物館（二〇一八年閉館）の中村斎《いつき》・元館長は「一族が所持する帯や織物などから見ても北海道のアイヌ民族の持ち物に間違いなく、北海道から来たというのはたぶん事実でしょう。十九世紀後半、北海道やサハリンで日露両国の支配が定着し、（北海道で）日増しに高まる圧迫から逃げてきたかもしれない」と推測する。

興味深いことがあった。それはセキンらがやってきたルートだった。アルヒナさんは「セキンはサハリンから海峡を越えて、バイダルカ（カヌー）でデカストリからキジ湖へと抜け、今のマリンスコエ村近くのコトという村に住み着いた」と語った。

デカストリのロシア人集落ができたのは十九世紀後半だが、デカストリからキジ湖に通じる川はない。セキンは、カヌーを引いて林蔵と同様に当時の主要ルートだったタバ湾からタバ峠を経て、キジ湖へ抜けた可能性が強いのではないか。多くの先住民族がこのルートを通り、アムール川へと来ていたのだから通らない方が不自然だろう。

セキンの息子で、アルヒナさんの祖父であるスイルツーには立派なあごひげがあった。ウリチでは、こうしたあごひげがある人は少なく、アルヒナさんらは子供時代「ひげのおじいさん」と呼び、その長いひげに触って遊んだ思い出がある。セキンもスイルツーも人格者で村のリーダー役となり、もめ事などの裁定役を務める「ダイマンガ」を任された。当時、重要な交易品だったクロテンやキツネを狩る優秀なハンターでもあったスイルツーは、五人の子どもたちに、それぞれ蝦夷錦を買い与えた。子孫たちは身内の葬儀の際には絹地の一部を切り取り、ひつぎに入れた。天国でお金に困らないようにと。

ブラバ村ではぜひ一族の蝦夷錦を取材したいと思っていた。ブラバ村では、蝦夷錦の官服を「ハラタ」と呼んでいた。中国・清朝が朝貢に訪れた人々に与えられた階級にも「ハラタ」（氏族長）があったことを思い出した。

北海道新聞社は一九九〇年から九一年にかけて、中国から北海道へと渡ってきた蝦夷錦の渡来ルートを追って、松前からサハリン、アムール川流域、さらに中国南部の蘇州や南京まで取材し、「蝦夷錦の来た道」という連載にまとめ、同じ書名の本を出版した。この中で、青色の蝦夷錦を着たブラバ村のクイサリさんというおばあさんが写真付きで登場していた。クイサリ一族の長老だろう。今回、そのカラーコピーを持参した。

それを見せると、ユーリーさんが「この本ならば学校にあります」と持ってきてくれた。当時、取材した後に贈ったものだろう。そうなると話は早い。「この本には蝦夷錦がクイサリ一族に残されているとあります。ご存じないですか」と尋ねると、「あっ。ありますよ。親戚の家にあるハラタだ」とアルヒナさんが声を上げて、早速、持ち主のブラル・ベラさんと連絡を取ってくれた。

ベラさんが蝦夷錦を手にやって来た。紺色の絹地に豪華な刺繍がされ、胸の部分には金色の竜が躍る。一世紀近く前に織られた服とは思えないほどの見事さだ。

竜の爪は四本だった。アルヒナさんは「なんで四本なのかしら」とつぶやいた。私は本の受け売りで「五本の竜は皇帝にしか許されず、下賜されたものは四本以下らしいです」と伝えると、アルヒナさんも「確かにそれって聞いたことがある」とうなずいた。

ユーリーさんが蝦夷錦をまとってモデルになってくれた。体格の良いユーリーさんには蝦夷錦の服がとてもよく似合った。「この服は一族の宝。りりしく狩猟が巧みで、村人から尊敬されていた先祖と、アイヌの血を引いていることを私たちは誇りに思っている」と胸を張った。

二十年ほど前まで一族には別の蝦夷錦もあった。ところが、所有者は孫から車をねだられて売ってしまったそうだ。孫に弱いのはどこの国も共通だろう。なお現在、ロシア政府は貴重な文化財である蝦夷錦の国外への持ち出しを禁止している。

スイルツーには過酷な運命が待ち受けていた。ソ連の独裁者スターリンによる粛清に巻き込まれたのだった。戦前の一九三〇年代、旧ソ連国内で無実の人々が「反人民」のレッテルを貼られ、処刑されたり、強制収容所に送られた。その嵐が最も吹き荒れた一九三七年、アイヌの父を持つスイルツーは「日本のスパイ」との汚名を着せられて逮捕され、二度と村に戻ってこなかった。ナターシャさんは「祖父は湖の上で銃殺されたらしい」と語った。旧ソ連の機密文書によると、「日本のスパイ」として逮捕された人は約五万二千九百人に上る。クイサリ一族の苦難は続き、第二次世界大戦では一族の男七人が戦死した。

クイサリ一族の家宝である蝦夷錦をまとうユーリー・クイサリさん

現在、ブラバ村では十家族以上が「クイサリ姓」を名乗り、村の主要な一族となっている。流域のナナイ地区の村にもクイサリ姓の一族がいるという。セキンと一緒に渡ってきた弟の子孫たちである。

ユーリーさんが学校長を務める村芸術学校では、ウリチ伝統の木彫技術を復活させ、器などを作り、併設の村博物館で展示している。木彫の技術を広め、後世に伝えることがユーリーさんの願いだ。

学校の二階は博物館になっていて、ユーリーさんの父親宅で見つかった、アイヌが祭事に使ったとされる酒造り用の器や、サケの革をなめして縫い合わせた服、日本渡来とされる漆器も展示されていた。魚の革の服は林蔵の『北蝦夷図説』にも登場する。交易でもたらされた鉄製の鍋や陶器、銀製の装飾品もあった。これらはアムール川を舞台にした交易が活発だった時代の栄華を伝える品々だ。林蔵もアムール川の村々では、ヒエやアワ、米を食べて、時にはお茶の接待も受けたと記録している。こうした穀物や茶も交易によってもたらされたものだった。

漆器は、ウリチの人々にとっても重要な儀式だった「熊祭り」(熊送り)で実際に使われたという。ブラバ村での熊祭りは長く途絶えていたが一九九二年に復活した。二〇〇七年、ユーリーさんは訪問先の東京で、アイヌの人々による熊送りの踊りを見た。ユーリーさんは「村でもう一度、祭りを行いたい。北海道のアイヌの人たちにもぜひ参加してほしい」と話していた。

二　流域の各地に残る蝦夷錦

蝦夷錦は、アムール川の中下流のハバロフスク、コムソモリスクナアムーレ、ニコラエフスクナアムーレの各博物館にも、中国の官服や人形がまとったもの、祭事用の服などの形で収蔵されていた。

蝦夷錦を研究する中村和之教授からこんな興味深い情報を聞いた。

「コムソモリスクナアムーレ市博物館に、蝦夷錦をまとった不思議なナナイの人形があるそうです。日本から貸し出しを依頼すると、『とんでもない。この人形は呪いの人形なのです。これを博物館に収蔵しようと移動させただけで、何人死んでいると思いますか。まして日本まで運んだらどのくらい犠牲者が出るかわからない』と断られたそうですよ」

ブラバ村から約三百キロ上流のアムール川左岸の工業都市コムソモリスクナアムーレの同市博物館に立ち寄った。館内の先住民族の暮らしや文化を展示しているコーナーに、この不思議な人形はあった。二つの小さな黒い目が不気味だ。同館の民族学・考古学担当のタチアナ・チタノバさんによると、人形はコムソモリスクナアムーレ地区のナナイが多く住むニジニタンボスコイヤ村で収集されたものだった。村の習慣として、死者がでると、その人の代わりとして家に一年間置かれて、その後焼かれた。その間は人形に死者の魂が宿るとされた。この人形も焼かれるはずだったが、何らかの理由で焼かれなかった。不思議なことは続いた。火事などが起きてもこの人形だけは難を免れて、現在に至っているというのだ。呪いの件はわからなかった。

　チタノバさんに、持参していた『東韃地方紀行』のデレンと朝貢の場面を描いた絵の写真をお礼に渡すと、大変興味を持って、「初めて見ました。これはいつ描かれたものなのですか」「その日本の探検家の調査報告書はロシア語で翻訳されていないか」と熱心に尋ねてきた。林蔵が描いた経緯や当時の様子を紹介すると真剣に聞き入った。

　ハバロフスク地方郷土博物館にも、三着の蝦夷錦の官服があった。展示されていなかったため、撮影申請を行い、収蔵庫から出してもらった。小豆色の地に金色の竜が躍るものと、鮮やかなオレンジ色、青地に金や銀糸で豪華な刺繡を施したものが職員の手で慎重にフロアに並べられた。

　博物館の担当者は「いずれも十九世紀に中国で織られたもので、貴重な文化財なのですが、どこ

コムソモリスクナアムーレ市博物館に展示されている蝦夷錦をまとった不思議なナナイの人形

で作られたのか、どのような経緯でアムール川まで来たのかなど、詳しい事情はまったくわかっていないのです」と語った。ロシアの研究者は、ロシアと無関係な時代には関心がないという背景もやはりあるのだろう。

中村和之教授によると、北海道内にも蝦夷錦は函館や松前などに約三十点があり、青森県にも佐井村などに約四十点が残る。江戸時代、豪華な蝦夷錦は人々の北方へのロマンをかき立て、日本国内でブランド品として流通した。アイヌの人々も大陸からもたらされるガラスの青玉を求め、蝦夷錦とともにアムール川経由でもたらされた。

国内の蝦夷錦は、市立函館博物館の紺色の「山丹服」や大阪の国立民族学博物館の赤色の「官服」などがあるが、中でも小樽市内の浄応寺の蝦夷錦二点は見事である。

浄応寺の島隆住職によると、寺はもともと松前にあったのだが、明治時代に小樽に移ってきた。これらの蝦夷錦は「寺宝」として伝わり、深い緑色をしたものは縦一メートル九十二センチ、横一メートル十六センチ。黄色のものは縦横二メートルある。織り方も日本にはない特殊な技術で何年も掛けて織られたものとみられる。

元は江戸時代の松前城下の有力な場所請負人で豪商だった村山伝兵衛が所有していた。樺太における漁場開拓の褒美として松前藩主から与えられたもので、村山家の家宝だったが、明治時代末に浄応寺に寄進された。元々は玉座に掛ける飾り布だったという。浄応寺ではこれを袈裟に仕立てた。特別な法要以外は使わずに大切に保管しており、色あせはまったくない。特に緑色の蝦夷錦は、妖しいまでの光沢を帯びており、見飽きることはない。全国に残る蝦夷錦の中でも三本の指に入るとされるほどの逸品で、これもデレン経由で渡来したのかもしれない。

三　語り継がれた交易地

林蔵の足跡を追う上で、どうしても欠かせないのが、カラフトで林蔵が到達した最北地点ナニオー（ルプロワ）と、幾多の北方先住民族が活発に行き交い、活気にあふれていた交易地デレンだった。このふたつの地点なくして林蔵の道をたどる旅は完結しないと思った。だが、デレンはどこにあったのかはっきりとせず、「幻の交易地」と呼ばれていた。

サハリンに駐在していた一九九五年当時、デレンの有力候補地はキジ湖のマリンスコエ村とされていた。北海道新聞社「蝦夷錦の来た道」取材班も、各地でデレンのことを質問して、ブラバ村の長老から、マリンスコエ村向かいの川の中の島に、デレンという村があったが、度重なる洪水のために村人たちは村を捨てて、ブラバ村などに移住したと聞き取っている。

私もブラバ村でデレンのことを尋ねた。クイサリ一族のアルヒナ・クイサリさんは、「昔、マリンスコエ村近くに『デレン』という村があったと聞いている。『デレン』はウリチ語で『机』の意味で、サハリンや北方のサハ、中国などから多くの人々が集まってきて、魚や毛皮、絹織物、玉などを交換した。でもデレンがいつなくなったかはわからない」と証言した。

林蔵も「ここ（キチー）には、かつて満州族（中国・清朝）の役人の出張所『仮府』が置かれていたが、各民族の間で争いが絶えず、今は廃止された。だが、それがいつの時代のことかはわからない」（『東韃地方紀行』、相原訳）と言及している。

林蔵らはキチーを出発して、さらに三日間アムール川を遡り、デレンに到着した。林蔵が残した地図でもデレンはキジ湖からもっと上流にある。林蔵の地図の精度は高く、記録も詳細であることは何度も紹介しているように、林蔵が訪ねた時代、デレンは現在のマリンスコエ村周辺にはなかったことは明白だ。

結論から言えば、林蔵が記録した交易地デレンと、アルヒナさんらが語る「デレン」があった場所は別だった。アムール川は洪水と氾濫を繰り返し、各民族の利害関係や政治的な事情もあり、デレンは時代とともに場所を変えた。林蔵の時代は、マリンスコエ村より上流にあったのだ。

佐々木教授を取材した際、デレンの話題になった。佐々木教授は「デレンは現在のノボイリノフカ村とほぼわかっています。でも、未だにそこがデレンであるという物的証拠は挙がっていません。例えば『東韃地方紀行』に出てくる三重の柵の遺構などが見つかればほぼ確実なのですが」と語った。ノボイリノフカ村はマリンスコエ村から約百二十キロ上流に当たるアムール川右岸の村だ。林蔵が作った地図と地形や距離がほぼ一致している上、中州にはかつて「デレンスキー島」と呼ばれた島もあり、中国の陶器の破片も出土しているという。

林蔵が訪ねた時代、デレンには夏場だけ中国・清朝の臨時の役所「仮府」が置かれていた。中国

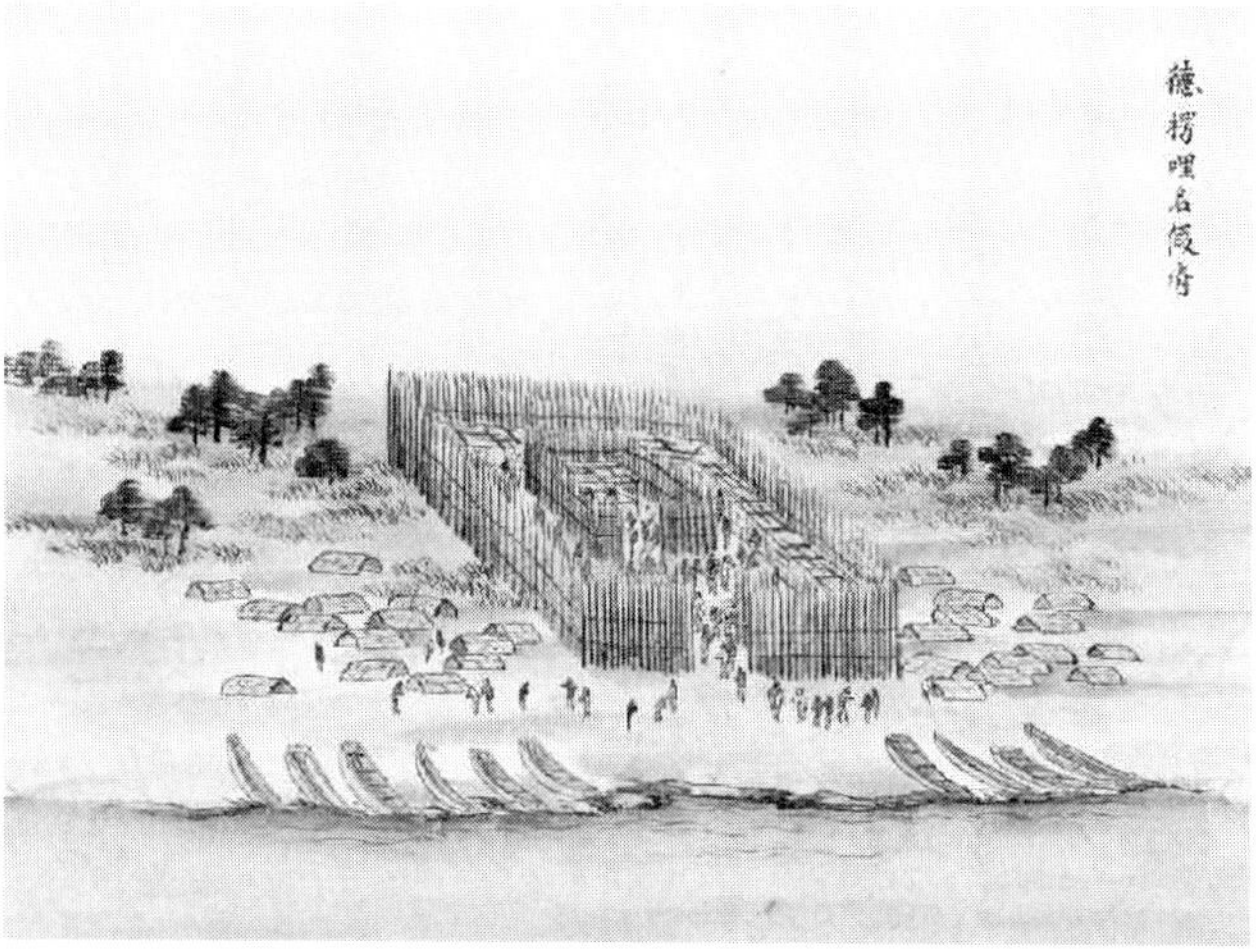

林蔵が記録したデレンの絵。中央が中国・清朝の出先機関が置かれた「満州仮府」(『東韃地方紀行』)

の役人が船で出向き、従属の証である貢ぎ物として毛皮を受け取る代わりに蝦夷錦などの絹織物や木綿、針などの褒美と、「ハラタ」(氏族長)や「カーシンタ」(村長)など地域や村での地位を与え、各地から来た人々が商品を交換する交易地ともなっていた。

人と物が集まれば情報も集まる。デレンまで行けば、流域の民族やロシアの進出についてもわかると考えた林蔵の判断は正しかった。

林蔵は中国役人の出張所「満州仮府」を訪れて、清朝の役人三人と面会した。ここでも林蔵は、一部の交易民から乱暴されそうになったが、清朝の役人たちは林蔵を保護してくれ、自分たちの船で寝泊まりしろと勧めてくれた。林蔵は三人の役人と筆談で話した。立派な文字を書く林蔵を見て、役人たちは「あなたは本当は中国人なのではないか」と

各地から交易に来た人々でにぎわうデレン(『東韃地方紀行』)

疑った。清朝の役所が派遣した監察官ではないかと考えたのかもしれない。役人たちは林蔵に漢字と女真文字の名刺を渡した。「魯(姓)伏勒恒阿(ロ・ベジケガ)」「葛(姓)撥勒渾阿(カツ・フッシカガ)」「舒(姓)托精阿(ジョ・ハンスイガ)」だった(洞富雄『人物叢書　間宮林蔵』による)

「仮府の外には、各地から集まった諸民族の仮小屋が幾十、幾百も並び、壮観な眺めだった。西は朝鮮との国境、東はロシアとの国境から集まっていた。いずれも五、六日滞在して、商品を求め終わると帰って行く。その数は五、六百人はいた」(『東韃地方紀行』、相原訳)

デレンに集まる諸民族は、舟を川岸につなぎ泊めると、長老格の者が清朝の官吏の船を表敬訪問して、三回平身低頭し、到着したこ

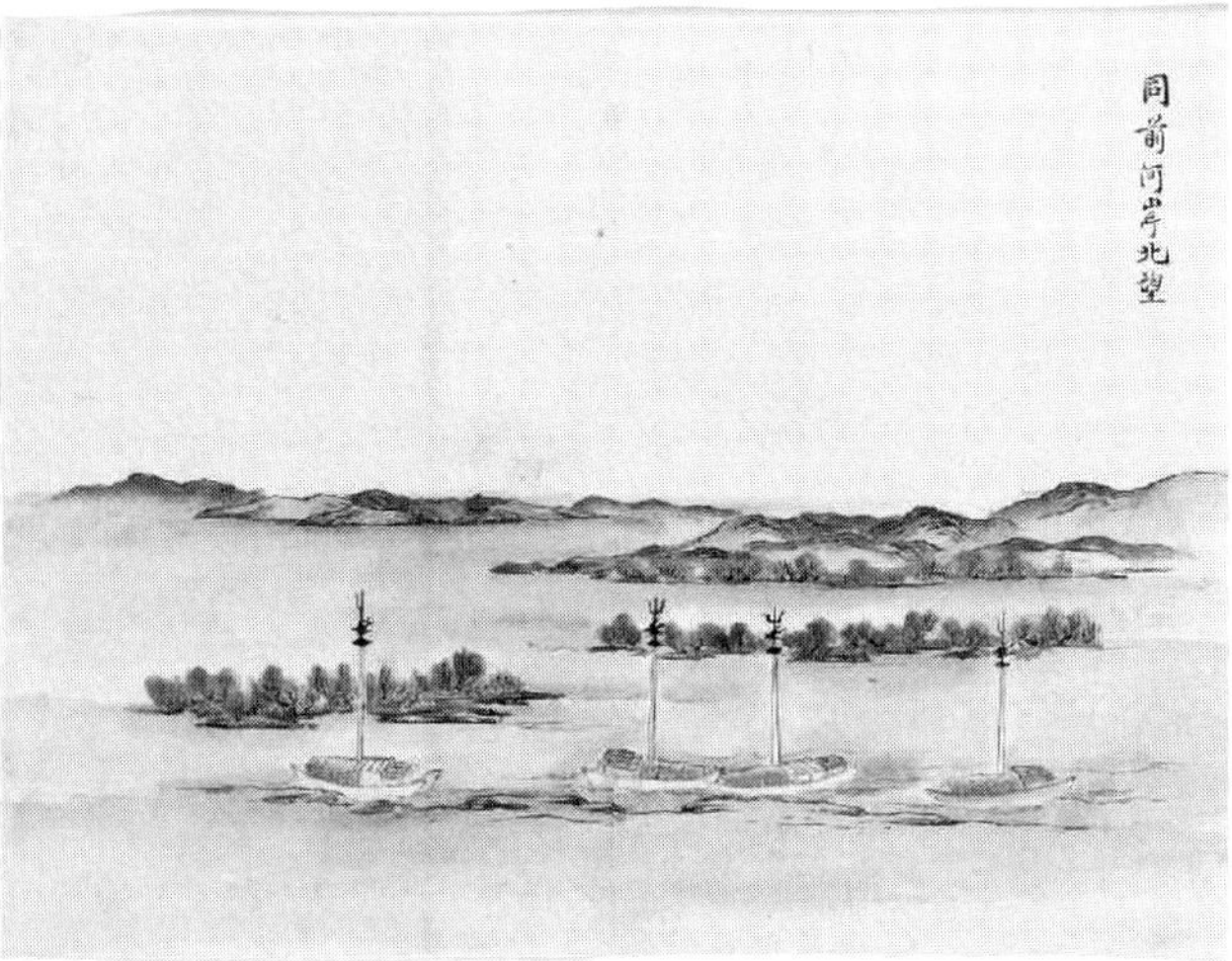

デレンの川岸に停泊する中国の官船と対岸の山並み（『東韃地方紀行』）

とを報告した。官吏からは酒やアワが与えられた。続いて貢物の献上の儀式では、貢物を持参した氏族長や村長の名前が呼ばれて、下級官吏に連れられて柵の中の仮府に入る。村長らは被っている笠を取って地面にひざまずいて、ここでも三回平身低頭してから、貢物のクロテンの毛皮一枚をうやうやしく奉った。毛皮はいずれも中身を丸抜きしたもので「ホイヌ」と呼ばれていた。献上の儀式の後、褒美の品が与えられた。氏族長には、長さ七尋（約十二メートル）の綿布一巻、村長には長さ四尋（約七メートル）の緞子（厚手の絹織物）の布地、同行者には木綿や櫛、縫い針、鎖、袱紗《ふくさ》などが下賜された。

　儀式が終わってしまえば、諸民族は道端で三人の上級官吏に会ってもあいさつするわけでもなく、官吏たちも手に扇子を持って、雑踏の中をぶらぶらと歩き、体がぶつかるようなことがあっても特段気にする風情はなかった。中級以下の官吏は、諸民族と仲良く付き合っているようで、草の上に寝転んで話していたり、仮小屋に招待されて一緒に飲み食いをしたり、子供たちとふざけたりしていた。

クロテン一頭の毛皮で、蝦夷錦など豪華な品々が与えられるのなら諸民族にとっては割が良い取引だろう。だから人々はわざわざデレンまでやって来た。もちろん、ほかの地域からもたらされる茶や米などの入手も目的だったのだろう。

満州仮府の外の交易所では、交易民それぞれが持ち寄った商品を交換したが、盗まれないように毛皮をわきに大切に抱えて、交易所に入り、酒やタバコ、布地、鉄器などを品定めした。交換が一通り終わっても、まだ毛皮が残っているような場合は「もっと高い品物でないと交換しない」と粘り、なかなか手放そうとはしなかった。相手側は、ついには自分が着ていた衣類までその場で脱いで相手を説得しようとしたりした。

「俺の毛皮が奪われた」といった叫び声や、「腕に抱えていた獣皮が切り取られた」という悲鳴も聞こえた。目的の布地を手に入れて満足顔で交易所を出る者がいれば、交換した木綿を「やっぱり酒に換えてくれ」と大声でわめく者もおり、やたらと騒々しかった。仮府内の褒美用の官品が盗まれれば、けたたましく銅鑼が鳴り響き、内と外側の柵にそれぞれ一カ所ある門が閉じられた。すると、中にいた人々は仮府を取り巻く柵をよじ登り、外へと逃げ出した。中には仮府の屋根にまで上る男もいた。ある時、サンタン族（ウリチ）とみられる男が何か法を犯して、上級官吏の前に引っ立てられた。上級官吏が命じると、下級官吏が鞭で打ち始め、その男は悲鳴を上げて泣き叫んだ。しかし、刑の執行が終わると、後は交易所への出入りが禁じられるわけでもなく、とがめだてるような様子もなかった。

こんな騒がしく、活気にあふれたデレンの様子を『東韃地方紀行』は、見事な絵と文章によって生き生きと描いている。そこからは人々の喧騒が聞こえてきそうだ。中国にも、諸民族に与えた錦の数などの記録はあるが、こうした人々の息づかいは伝わってこないという。佐々木教授は「林蔵のデレンの記録は、外国人が見たデレンの唯一の記録であり、同時にそれは最高のものなのです」と話す。

中村教授によると、デレンの集まる諸民族は適当に物物交換をしていたわけではないという。その毛皮なり、木綿などの品物の価値を頭の中で「ヤ（ya）」という貨幣単位に換算していた。このヤという単位は、満州語のヤン（yan）を取り入れたもので、もとは中国語のリャン（liang）＝両＝である。つまり一度中国の貨幣単位の「両」に換算していたとみられる。「両」はロシアのルーブルにも通じていた。日常生活で通貨こそ使わなかったが、頭の中でしたたかにそろばんを弾いていた商人でもあった。

林蔵が目撃したのは、アムール川を舞台にした山丹交易のピークの時代といえた。その後、日露間では樺太・千島交換条約（一八七五年）によって、サハリン全島がロシア領となったことで、宗谷海峡に国境線が引かれ、山丹交易ルートは完全に遮断されてしまった。これはウリチやニブフなどの北方交易民が日本という最大の取引先を失ったことを意味していた。それ以前には、ロシアと中国間では北京条約（一八六〇年）が結ばれて、アムール川下流部の現在の沿海地方がロシア領となり、流域にはロシア人が進出した。ロシア人によって、彼らの生活の場であった漁場と猟場も狭められ、移民が持ち込んだ疫病も蔓延した。こうして「北のシルクロード」山丹交易は終焉を迎えた。

『東韃地方紀行』には、林蔵自身の画が一点だけある（口絵参照）。デレンの清朝の役人と懇談している場面だ。机の上には酒器と魚が盛られた皿が置かれ、役人たちはトラの毛皮の上に座って林蔵と語り合っている。役人たちが寝起きしていた官船の中での一場面だ。林蔵はひげ面で、武士の身だしなみである月代《さかやき》もそらず、髪も伸びたままだ。着物も見るからにみすぼらしい。このリアリティあふれる絵は、林蔵の探検の実像を映し出している。寒さに震え、蚊に悩まされ、ときには腹痛に腹を抱え、着の身着のままだったことだろう。農民出身の下級武士であった林蔵は、苦難に満ちた単独行の実情を理解してもらうためにあえてこの画を入れたのではないだろうか。私にはこの一枚の画に林蔵の切なる願いがにじんでいるような気がしてならない。

二〇一四年五月末。間宮海峡に面したラザレフからデカストリ経由でノボイリノフカを目指した。ツメルマヌスカの先で標高約五〇〇メートルの峠を越えた。半年前、雪の中を何とか越えた峠は新

ノフカ村の河原

緑の季節を迎えていた。峠を下ると目的地のノボイリノフカ村だ。

道路脇の看板を目印に村へと入った。木造の平屋の民家が並ぶ。村はアムール川右岸にあり、北緯五一度一〇分、東経一三八度三七分に位置する。北海道最北端の稚内よりさらに約八百キロ北だ。住民は四十世帯約百十人。村民たちは漁業で生計を立てており、家々の前には小型ボートが置かれていた。

広々とした河原に立った。

時折、ボートが川を行き交うほかは、泥が厚く堆積した広い河原に人影はない。中国の陶器の破片が落ちていないか探したが見つからなかった。川幅は数キロはある。『東韃地方紀行』に描かれた二枚の絵の写真をリュックから取り出した。広い河原に建つ「満州仮府」とそれを取り巻くように設営された諸民族の仮小屋や舟

広々としたノボイリ

を描いたものと、川に停泊する中国役人が乗ってきた四隻の官船と川の中州、対岸の山並みを描いた写生画だった(174、176ページ参照)。

対岸の緑濃い山の斜面は東から西へとなだらかに下り、背後の山の稜線と交差している。このノボイリノフカ村の川岸から見る風景は、この写生画とそっくりだった。時代とともに中州の島は洪水などで削られて姿を消すかもしれないが、山並みの形はそう変わらないはずだ。

私自身この地がデレンだと納得した。

「こんな遠くまで、よく一人で」

川面を渡る風に吹かれて、林蔵のはるかなる旅に思いをはせた。

しばらくして、河原に面した一軒の民家の庭先から、じっと私たちを見つめている初老の男性に気づいた。近寄って話を聞いてみることにした。男性はナナイのワレリー・ラドさんといい、前年二〇一三年の大洪水で自宅が被害を受けて、コムソモリスクナアムーレに避難していたが体調を崩したため、今は村の友人宅に身を寄せているという。

自己紹介の後、「昔、この辺りに『デレン』という交易地があったらしいのですが、聞いたことはありませんか」と質問した。

「ああ、あるよ。三十五年前に死んだ父親がよく俺に話をしていた。昔、この村の近くに交易のマーケットがあった。名前は聞いていない。父は『いつかおまえをその場所に連れて行ってやる』と言っていたが、実現する前に死んでしまった。父親は大叔父から聞いていたんだ」

まさか、ノボイリノフカでこんな話が聞けるとは思っていなかったのでびっくりした。

「そのマーケットではどんなものを扱っていたと聞いていますか」

「そこには夏場、遠くから人々が集まって、毛皮と米、茶、塩、そば、タバコなどを交換したそうだ。毛皮は、クロテンのほかトラ、クマ、アナグマ、キツネ、イタチなどだ」

「いつごろのことと聞いていますか」

「確かなことはわからない。昔のことだ」

「二百年ぐらい前のことではないですか」

「そうかもしれない。ずっと昔だ」

「デレンという地名は聞いたことはないですか」

「デレンは『机』という意味だ。それが地名だったかはわからない」

林蔵が訪ねて二世紀余、だれもいない河原の向こうから、デレンのざわめきが聞こえるような気がした。

林蔵はデレンで一週間を過ごした。滞在中に林蔵は測量器具の彎窠羅鍼《わんからしん》を取り出して、隠れるように測量をした。これによって作成されたのがデレン周辺の図である（第六章の扉の地図参照）。他国で許可を得ずに測量する行為は、スパイ行為とみなされても仕方ない。少し前まではロシアにGPSを持ち込むこと自体、危険なことだった。ロシアでGPSは「スパイの道具」とされ、外国人が摘発されたこともあった。私はジェーニャに幾度となく、空港では荷物の一番奥に隠すように注意された。

こっそりと測量する林蔵を見つけた中国の役人は、とがめるのではなく、見晴らしの良い場所まで連れて行ってくれた。林蔵は中国役人の鷹揚さに驚いている。

カラフトのノテトまでの帰路、林蔵は交易隊リーダーのコーニに頼み、行きのタバ峠経由のルートではなく、同川の河口まで下る別のルートを採ってもらった。コーニは、下りは川の流れに沿って進むだけで、峠越えと比べてもさほど時間は変わらないので構わないと了解してくれた。この途中でも林蔵は貴重な記録を残している。

デレンから川を下ること約十日、約三百キロ下流のサンタンコエ（ティル）という場所まで舟は進んだ。林蔵は川岸の小高い丘の上に建つ二つの石碑を舟上から目撃した。同行のコーニたちは米や

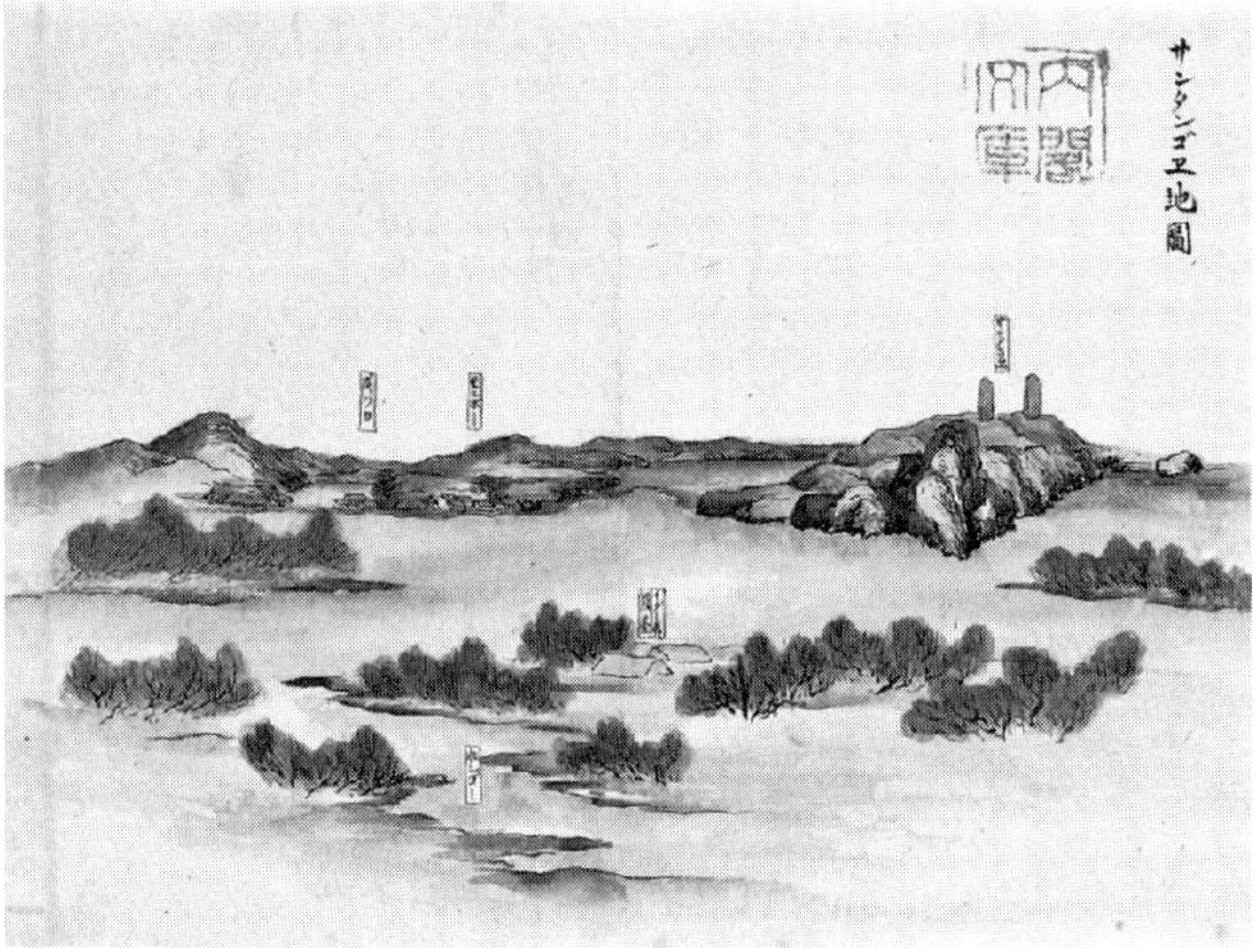

林蔵が描いたサンタンコエの図。丘の上に二つの石碑が見える

アワなどを川に投げ入れ、拝んでいた。「碑を作ったのはロシアの山賊らしい」と林蔵は記述している。この「山賊」という言葉の中に、択捉島でロシア人に武士の面目をつぶされた林蔵の恨みと心の傷が見て取れる。

林蔵は、なぜロシア人の碑を拝むのか、理解できなかった。ロシア人は、住民から強引に毛皮を徴収し、反抗する村を焼いたり、人々に危害を加えていたからだ。そうしたコサックのやり口はまさに「山賊」という表現がぴったりである。林蔵が訪ねた当時、ロシア人は清朝の軍隊に討伐されて、流域から姿を消していた。デレンの中国の役人は「ロシアは中国の属国だ。世界中で中国に貢物を持ってこない国はわずか三つだ」と胸を張り、ロシアと中国の国境についても語らなかった。

二つの石碑はロシアではなく、十五世紀初めに中国・明が、統治のためこのサンタンコエの地に役所と寺院を建てたことの経緯を刻んだものだった。一四一三年と二十年後の三三年製で、「ヌルガン永寧寺碑」と呼ばれる。もしも、林蔵が碑を見に行ったならば漢字が刻まれていることで、中国の碑であることをすぐに理解したことだろう。

ウラジオストクのアルセニエフ博物館に展示されている，林蔵が目にした二つの石碑

　現在、二つの碑はウラジオストクのアルセニエフ記念沿海地方郷土博物館で展示されている。碑文にはアイヌ民族とみられる記述もあり、北東アジア史の第一級資料として、日本や中国、ロシアでも碑文の研究が進む。一四一三年の碑文の表には漢文字で、裏面には女真文、モンゴル文でほぼ同じ内容が、側面には漢字、モンゴル文字、チベット文字、女真文字で呪文が彫られていたという。一四三三年の碑文は、表に漢文のみである。同博物館で碑文をじっくりと見たが、表面は長い風雪に削れて漢字の一部しか読めなかった。

　ティル村へは、ニコラエフスクナアムーレから高速船で約三時間の船旅だが、取材時期、船の運行が始まっておらず、行くことはできなかった。

ティル村に行きたかった理由は、碑が置かれていた丘に立てば、アムール川の悠久の流れを眼下に見ることができると思ったからだ。地元関係者と相談した結果、ニコラエフスクナアムーレから約四十キロ上流のマゴという町の丘からならば川の全容が見えるとわかった。

二〇一四年五月、マゴに向かった。木造の家々が立ち並ぶ村の背後に、急こう配の崖が連なっている。確かにこの上ならば川を見渡せるに違いない。アムール川は川幅があり過ぎるので、よほど高い場所か飛行機から見ないと全体像をカメラに収めることができないのだ。砂地の崩れやすい斜面を懸命に登った。崖からせり出した松の根本に立つと、眼下にアムール川が広がっていた。

毛細血管のように複雑に流れが絡み合い、奥の本流は遠すぎてわからない。白樺が芽吹き、岸辺は鮮やかな黄緑色に染まり、足元には赤紫色のエゾムラサキツツジが可憐な花を開かせていた（口絵を参照）。長い冬が終わり、ようやく氷が解けて、生命が輝きだす春の風景だった。『東韃地方紀行』の挿絵の中にもアムール川の中州にいくつもの島が浮かぶものがあった。ティル周辺のスケッチだった。林蔵のルートは、マゴとはちょうど反対側の右岸に沿って下っているので対岸方向から見ていたはずだ。

何本もの流れの向こうに広がる湿地帯。アムール川の流域面積は世界八位を誇ることを実感する。夕日を照り返して銀色に輝く水面の向こうに一筋の白い煙がたなびいている。望遠レンズで確認するとオレンジ色の炎が見えた。野火だ。枯草を焼く野火は一向に収まらず、火勢は強まっているようだ。時折、小型ボートが川面を走り、川岸の木造の家に着く。漁を終えた漁民だろうか。ようやく夕日が地平線に没した。無数の水路と沼、度重なる氾濫がつくった三日月湖、それぞれの水面が夕日を反射して金色に輝き出した。横一線に広がった野火の炎も、まるで壮大な一幅の絵を引き立てる一閃の朱の筆のようだ。

日が沈むと、今度は川面や湖沼群は鈍い銀色の光を発し出した。中国の人々は、大地の中をうねるこの大河を竜に見立て、黒龍江と名付けた。夕日の中の風景は、まさに金か銀色の竜のようだった。

四　狩猟先住民の村「クラスヌィヤール」

間宮林蔵の『北蝦夷図説』や『東韃地方紀行』には、カワウソ猟やキツネ猟、氷上のアザラシ猟などの説明や絵図が掲載されている。しかし、現在、アムール川流域で狩猟によって生計を営んでいる人はごく一握り。いまもクロテンを追い、森の中で暮らす人々はいないのか──。そんな中、狩猟やサケ漁で暮らす先住民の村がアムール川に注ぐウスリー川の支流ビキン川沿いにあることを『増補改訳　ビキン川のほとりで　沿海州ウデヘ人の少年時代』(アレクサンドル・カンチュガ著　津曲敏郎訳、北海道大学出版会)で知った。村の名前は「クラスヌィヤール」。ロシア極東の拠点ハバロフスクから南へ約三百キロ南の村だ。住民約六百五十人のうちウデヘは約四百五十人。「ウスリー

クラスヌィヤール村で民族舞踊を披露するウデへの少女ら

タイガ」と呼ばれる周辺の森には絶滅の危機にあるアムールトラが生息し、「ロシアのアマゾン」と異名されるほどの豊かな森が広がる。村人はシカやクロテンを狩り、朝鮮人参やキノコ、山菜を採って暮らすという。二〇一四年五月、ハバロフスクからクラスヌィヤール村へ向かった。

ハバロフスクから車で南を目指す。約七時間の長旅を終えて村に到着すると、カエルの大合唱が迎えてくれた。木造平屋の家が並び、それぞれの家には畑があった。民泊先はウデへのタチアナ・スンディガさん宅。タチアナさん自身もハンターで夫のウラジーミルさんとともに森に出かける。

夕食には、村一番の料理上手と言われるタチアナさん自慢の郷土料理が並んだ。夫が仕留めたアカシカやヤギの肉を使った煮込み料理やビキン川で捕れた白身魚のフライ、ワラビや北海道でも馴染み深い行者ニンニクもあった。ほとんどの材料は村周辺の森や川でとれたものという。その恵みの豊かさを実感した。

タチアナさんから村の歳時記を教えてもらった。

四月、ビキン川の解氷とともに春がくる。ボートを出して、カワヒメマスやコクチマスを釣る。六月一日からはアカシカの猟が解禁となる。生えてきたばかりの角の先、ベルベット状の「袋角」は滋養強壮の効果があり、漢方薬の原料として引き取られる。

村のハンターたちは森へと出かけて一カ月後、村に戻る際には、それぞれの舟のへさきに狩ったシカの角を置く。村人は総出で出迎えるが、だれが一番シカを狩ったのかは一目瞭然だ。だから一層、ハンターたちは誇りをかけて猟に励む。森にはワラビや行者ニンニクなど山菜も豊富で塩漬けにして保存する。自宅の畑ではトウモロコシ、カボチャ、豆、キュウリなども育てる。

八月は朝鮮人参掘りに精を出す。希少な薬草で探すのが難しく、タチアナさんも五年間採れなかったが、前年の二〇一三年にようやく見つけた。これはウオツカに漬けて自家用に使う。夫のウラジーミルさんがけがをして傷がうんだ時、その液をしみ込ませた包帯で巻いたら二日ですっかり治った。ウラジーミルさんは「森の力だよ」と笑った。

九月は蚊やダニもいなくなって、とても穏やかな季節だ。いろいろなキノコが採れる。外国からも多くのエコツーリズムを目的とした旅行者がやってくる。北海道を含めて日本人もよく来る。

十一月から二月までが本格的な狩猟のシーズン。冬の最低気温はマイナス四〇度から四五度ぐらい。男たちは森の中にある狩猟小屋を拠点に、自分の決まった猟場をスノーモービルで走り、アカシカやノロジカ、イノシシなどを撃つ。クロテンのわなも仕掛ける。最近は携帯電話が通じる場所も多くなり、ＧＰＳもあるから昔に比べて安心になったという。タチアナさんは「私は静かで自由な森が好きなの」と笑顔で語った。

村の猟師アレクセイ・ゲオンカさんの案内でタイガの森へと向かった。全長七メートルほどの板張りの舟でビキン川をさかのぼり、森へと踏み入った。森の印象は北海道とよく似た針葉樹と広葉樹の混交林で、幹が太い木が目立つ。

同行してくれたのは、クラスヌィヤール村を拠点にウスリータイガの保護活動を行っている非政府組織（ＮＧＯ）「タイガフォーラム」（東京）の野口栄一郎さん。野口さんによると、森はチョウセンゴヨウマツ（朝鮮五葉松）やエゾマツやトドマツといった針葉樹と、モンゴルナラやマンシュウクルミといった広葉樹からなり、アカシカやイノシシ、ツキノワグマやヒグマなどの数多くの動物たちが生息する。太いマツの傍らで野口さんは「特にこの朝鮮五葉松はタイガで一番重要な木です。この木の松ぼっくりが動物たちを育むのです」と説明してくれた。

森の生態系の頂点に君臨するのがアムールトラだ。体長三メートル、体重三百キロにもなるネコ科最大の猛獣である。沿海地方全域で約五百頭が生息し、このクラスヌィヤール村周辺の森にも住む。数年前の冬には、村にトラが現れて、飼い犬を食い殺したこともあったという。まさに極東の「森の王者」である。間宮林蔵の『東韃地方紀行』にも、デレンで林蔵が中国の役人と懇談する場面で、トラの毛皮の敷物が描かれている。

野口さんは「ビキン川の上・中流域の森は新潟県に相当する面積約一万二千平方キロ。流域は流氷のふるさとともいえる場所で、北海道と縁があります。周囲の森には野生のアムールトラの約一割に当たる約五十頭のトラが生息していますが、それだけ餌になる動物がいるということ。動植物が豊かな特別な場所なのです。ウデヘの人々はそんな森の中で自然と一体となって生きてきた。そしてウデヘの人々は、トラは神様の使いと敬っているのです」と語った。北方領土・択捉島で見たシャチやラッコを海の生態系の頂点とすれば、タイガの森の生態系に君臨するのがトラだろう。トラも最初に絶滅の危機に瀕して、復活するのが最も遅い動物である。

野口さんが村に伝わるこんな物語を教えてくれた。不猟が続く中、一人の猟師が森の中でケガをしてうずくまるトラを見つけた。よく見るとトラの足の裏には太いとげが刺さっていた。猟師は恐る恐る近づき、トゲを抜いてやった。すると翌朝、大きなシカが小屋の前に置かれていた。トラの恩返しの話だった。トラが登場する童話はいくつもあるという。

森には鳥も多い。世界最大のフクロウであるシマフクロウをはじめ、オジロワシ、コウノトリ、コウライアイサ、ナベヅル。川には体長一メートルを超えるイトウ、十月にはアムール川河口から約千キロ以上もさかのぼり、シロザケが戻ってくる。

『ビキン川のほとりで』の著者アレクサンドル・カンチュガさんを訪ねた。カンチュガさんは幼いころ、両親とたいまつをともし、川面を埋めるサケを捕獲した思い出が今も鮮明という。カンチュガさんが遊び半分で食べ切れないほどのコクチマスを捕ってしまった時、父親は厳しく諭した。

豊かな森に囲まれたビキン川の流域

「なぜこんなに捕ったのか。愚か者め」と。自然と共存しながら生きる術《すべ》を父はカンチュガさんに教えた。著作『ビキン川のほとりで』からは大自然の中で家族とともに森で生きるウデヘの人々の営みが生き生きと伝わってくる。

クラスヌィヤール村などに暮らすウデヘは現在約千五百人。ウデヘ語の話者も年々減り、カンチュガさんらわずかしかいない。カンチュガさんは『ビキン川のほとりで』の元の原稿はウデヘ語にロシア語を併記した。ウデヘの若者に自らの言語に関心を持ってほしいというメッセージだった。

寅年《とらどし》の二〇一〇年にロシアで開催されたトラサミットで、トラの保護を宣言したプーチン大統領(当時首相)は二〇一三年にビキン川流域の国立公園化などの保護措置を求める大統領令に署名し、国立公園化の動きが進んだ。

村民は、すでに国立公園に指定された別の地域でウデヘの人々が森への立ち入りを禁じられ、生活が脅かされている実情を知り、反対の声を上げた。

ビキン川流域では一九九〇年代にも大規模な森の伐採計画が持ち上がったが、ウデヘやナナイの人々が団結して立ち上がり、伐採計画を断念させたこともあった。

村一番のクロテン狩りの名人ピョートル・カリンチュガさんから話を聞いた。取材時、八十歳のカリンチュガさんは巧妙な罠で毎冬に数多くのクロテンを狩る現役のハンターだった。毛皮を傷めないようにクロテンの通り道に丸太などを組み合わせた罠を仕掛け、クロテンを仕留めるという。カリンチュガさんも「村人はタイガの森とともに生きている。国立公園に指定されることで、これまで通りの狩猟や採集ができなくなるかもしれない」と心配していた。

住民たちの反対の声を受けて、ロシア政府は二〇一五年十一月、ビキン川上中流域の大部分を「ビキン国立公園」に指定するに伴い、住民のウデヘやナナイの人々の参画も求めて管理をスタートした。職員百十四人のうち、地元の先住民が七十人以上を占める。

ウデヘやナナイの人々が、伝統的に猟場としていた森で行う自家消費用のシカやイノシシ猟は国立公園指定後も認められた。人々は公園レンジャーとなり、自分の猟場を見回り、密猟や樹木の盗伐、薬草の盗掘にも目を光らせている。二〇一八年にはビキン川周辺地域はユネスコ世界自然遺産にも登録された。

ビキン国立公園の所長らは同じ二〇一八年、世界自然遺産・北海道知床半島の視察を行い、自然管理の方法や知床財団の業務などについて学んだ。自然の循環という点でも知床とビキンは関わりが深いことがわかっている。知床半島の冬の風物詩である流氷はアムール川がその源であり、豊かな海の生態系もビキン川をはじめとするアムール川流域の森や湿地帯から供給される鉄分などによって育まれたものだ。知床とビキンの森はアムール川を橋渡しにつながっている。

五　アムール川　地の果ての岬

コーニらとアムール川を下る間宮林蔵は一八〇九年九月五日（文化六年七月二十六日）、二つの石碑があったサンタンコエ（ティル）を通過した後、さらに下流へ舟を進めた。林蔵が残した地図で確認すると、舟の航跡はアムール川右岸に沿って点線で続き、右岸沿いの本流を下ったことが確認できる。一行は「カルメー」を経て、「デボコー」に着いた。「この地も昔、ロシアの山賊が来襲して、満州族に討たれて敗走した古戦場であるという」（『東韃地方紀行』、相原訳）と林蔵は記す。

デボコーから四日後に「ワーシ」という場所に着くまで、林蔵たちは連日河原で野営した。いずれの野営地も湿地で林蔵たちは周囲の柳の枝を鉈で切り、地面に敷き詰めた上、獣皮を敷いて寝たのだが、朝には水が皮の上までしみ出し、安眠どころではなかった。

ワーシより下流は、これまで見られたような川の中の島や砂州も見当たらず、川は広々していて海と見間違えるほどで、わずかに潮の満ち干があった。

九月十一日、林蔵たちはワーシから約二十キロ下流のヒロケーという場所に舟を着けて、浜で泊まった。現在のアムール川河口近くのブロンゲ岬とされる。

林蔵は「ここはマンコー川（アムール川）の河口で海に入る地である。民家は四、五軒あるだけだった」（『東韃地方紀行』、相原訳）と記述する。林蔵たちはここからは海峡の大陸側に沿って南下した。私が取材したラザレフ岬を林蔵が通過したのは一八〇九年九月十五日だった。林蔵の地図には、海峡に突き出たラザレフ岬がまさに衛星地図を模写したような正確さで描かれている（第四章の扉の地図参照）。ラザレフ岬には「ヒラレガター」と地名が書かれていた。ラザレフ近くの「ハカルバーハ」で宿泊した林蔵たちは翌十六日、海峡が最も狭まるこの地点から南東へ漕ぎだして、カラフトへと戻った。行きとは違い、霧は少し出たが風や波は穏やかで苦労することもなくカラフト側の「ワゲー」まで無事に渡り切り、ラッカ岬で宿泊した。ラッカ岬はデレンへ向かう際の渡り口であった。

林蔵たちは九月十七日にノテトに帰り着いた。ノテトを出て四十二日目だった。村では林蔵の帰りを待つアイヌの同行者たちや村人が出迎え、元気だったことを喜び合った。林蔵たちはノテトから南へと向かう地元民の舟に乗り組み、三日後の九月二十日にコーニらに別れを告げてノテトを旅立った。林蔵が白主に到着したのは一八〇九年十月二十三日、宗谷に帰還したのは十一月五日のことだった。林蔵の一年二カ月余のカラフトとアムール川流域の探検はこうして終わった。

二〇一四年五月末、林蔵が見たアムール川河口を見ようと、ニコラエフスクナアムーレから車で河口へと向かった。徐々に川幅が広がっていく。林蔵が記すようにまるで海のような広さで中州な

荒涼としたアムール川河口の村オージェルパフの浜

どは一切見当たらない。川幅は河口で二十キロにもなる。

ニコラエフスクナアムーレ市博物館の前副館長のエレーナ・ペトホーワさんが同行してくれた。川には六月初めにカラフトマスが遡上を始め、七月からはサケのシーズンだ。地元では七月中のサケを「夏のサケ」、八月末から九月中旬のサケを「秋のサケ」と呼ぶという。サケたちはここから自分が生まれた場所まで延々と川を遡り、千キロ以上もの長旅をするサケも珍しくない。クラスヌィヤール村を流れるビキン川に遡上するサケもこの河口から故郷の川を目指すのだ。アムールのサケは、日本とは違い、河口から産卵地まで道のりが長いのが特徴で、河口部では脂もたっぷりとのっている。

道はオージェルパフというアムール川河口左岸の村で途絶えた。車で行けるアムール川最東端の村である。村の産業は漁業で、一九七〇年代には人口は三千人いたが、取材時の二〇一四年ではわずか二百三十人。「昔は漁業で栄えていたのですが、本当に寂れてしまって」とペトホーワさんがつぶやいた。

村外れの小さな岬は地元で「地の果て岬」と呼ばれていた。五月末というのに日陰にはまだ雪が残り、間宮海峡から吹き付ける風は冷たかった。小高い岬の端に立つと、アムール川対岸のブロンゲ岬がよく見えた。ブロンゲ岬は日本と深いつながりがある。明治末期、このブロンゲ岬で漁業を営んでいた平塚常次郎は、堤清六とこの地で出会い、一九〇七年に「日魯漁業」の前身となる「堤商会」を発足させた。いわば日本の北洋漁業が産声を上げた地でもある。

目前には間宮海峡が横たわる。

ここから約四十キロ東にはサハリンがあるはずだが、目を凝らして見ても、その大地は水平線と区別がつかなかった。ペトホーワさんによると、モーターボートならばオージェルパフから二時間ほどで対岸のルプロワ（ナニオー）まで渡れるという。ただ、天候が変化しやすい秋口や流氷が漂う春先は危険で、渡航できるのは夏場に限られる。

地の果ての岬に立って、林蔵の旅を思った。ノテトから濃霧の海峡を横断して大陸へ。蚊の襲来や空腹と腹痛に苦しんだ。タバ湾の坂で舟を引き、タバ峠を越えてキジ湖、そして交易地デレンに至った。そこには林蔵の想像をはるかに超える人々が各地から集い、活気にあふれていた場所だったた。林蔵はその人々のエネルギーを肌に感じたはずだ。林蔵が旅の中で最も感動したものは何だったのか。林蔵ともし話ができれば、彼は何を語ってくれるだろうか。

おわりに　語り継がれる林蔵

二〇〇九年、林蔵のカラフト探検の出発地である稚内で、間宮海峡発見二百年を記念する「林蔵まつり」が盛大に開催された。まつりで林蔵役となったのは間見谷《まみや》喜和さんだった。林蔵に扮した間見谷さんは、復元された林蔵ゆかりのサンタン船に立ち、「カラフトから無事に帰って来ました」と声高らかに帰還のあいさつをした。

間見谷さんは林蔵の子孫で六代目に当たる。長年、林蔵には実の子どもがおらず、直系の子孫はいないとされていた。だが、林蔵より後の探検家、松浦武四郎を研究する秋葉実さんが二〇〇二年、武四郎の記録や聞き取り調査を元に、林蔵が、現在の上川管内上川町近くにあったアイヌの集落でアイヌの女性と結ばれて女の子が生まれ、北海道に子孫がいることを発表した。秋葉さんは林蔵から喜和さんに至る家系図も完成させた。武四郎は、北方探検の先輩である林蔵を常に意識し、各地で林蔵について聞き取っていたという。武四郎は上川地方にも林蔵が足を伸ばしていることを知り、その抜群の調査力で林蔵にアイヌとの間で子どもがいたことも突き止めた。

林蔵は、自分の子どもが誕生したことを知り、村を再訪して子どもを抱き、「間宮」の姓を使う

間宮林蔵の直系の子孫の間見谷喜和さん

ことを許した。しかし、明治時代となり子孫が役場に届ける際、何らかの理由で「間見谷」となったらしい。

北海道を代表する景勝地・大雪山麓の層雲峡近くの上川町に暮らす間見谷さんを訪ねた。

間見谷さんは、「林蔵はアイヌと同じものを食べ、一緒に越冬した。自分の知識をアイヌに教え、アイヌからは生きるためのすべを習得した。その人柄の良さをアイヌが認めて面倒を見てやり、林蔵は探検を行うことができたのだろう」と語った。林蔵の足跡をサハリンやアムール川に追った私もその通りだと思う。林蔵の旅は、アイヌやニブフら数多くの北方先住民に支えられ、その人柄が愛されたからこそ、宗谷岬で地元アイヌの人々は長年、林蔵をしのび祭りを行っていたのだ。

林蔵がたどり着いたサハリンのルプロワ村の話を聞いた間見谷さんは、「林蔵の探検には夢とロマンがある。いつの日か自分も林蔵が歩いたサハリンを訪ねたい」と笑顔を見せた。

林蔵の人生の後半は決して順風とはいえなかった。師である伊能忠敬が他界した後、林蔵は、オランダ商館付き医師シーボルトから贈られた小包を不審に思い、幕府に届けた。これがひとつのきっかけとなり、当時の最高機密であった日本沿岸地図などが極秘裏にシーボルトに渡った、いわゆる「シーボルト事件」が発覚。地図の保管責任者であった高橋景保は捕縛されて獄死する。景保は、伊能の恩師である高橋至時の子であった。事件によって景保の家族や部下、通詞も処分された。林蔵がまったく意図していない方向に事態は動いた。

林蔵はその後、幕府の隠密として長崎、薩摩など日本各地を歩き密貿易を監視し、外国船が出没し始めた時代に海防に関する情報収集と対策の建白に携わった。二十代で択捉島においてロシア軍に苦杯をなめ、心に深い傷を負った林蔵にとっては、これも一つのやりがいだったのかもしれない。

林蔵が一八四四年に江戸で死去した後、家名が途絶えないようにと養子が迎えられた。現在、その士分を継いだ東京の間宮家と、生家が残る茨城県つくばみらい市の間宮家とがある。東京では六代目秀治さん、七代目崇さん、八代目彬君が継ぐ。彬君は、その字を崩すと「林」と「三」となり、「りんぞう」とも読めることから名付けられたという。

林蔵が晩年暮らした東京・深川で秀治さんら三世代の親子と会った。秀治さんによると、林蔵の墓は、周辺住民が自主的に清掃し花を手向け、参拝者が絶えないという。

なぜいまも林蔵は人々を魅了するのだろうか。それは一人の人間が一度は挫折しながらも再起し、

東京の間宮林蔵の墓前で語る間宮秀治さん，彬君，崇さん(左から)

幾多の苦難を乗り越えて、未知の世界に単独で挑み、偉業を成し遂げた姿に共感するからなのだろう。そして林蔵は、これからも語り継がれるに違いない。

林蔵の足跡を現地に追った私は、その過酷さが実感できる故に林蔵の必死の思いがよりわかるような気がした。

林蔵が歩いた道を追跡する旅は、現在でも簡単ではなかった。サハリン、北方領土、アムール川流域と、北海道新聞社の記者でなければ決して行くことはできなかっただろう。

林蔵に関するルポルタージュをまとめて、出版することは私の長年の希望であった。今回、この『追跡　間宮林蔵探検ルート　サハリン・アムール・択捉島へ』を刊行することができた。長年にわたり取材に協力してくれた、親友のエフゲニー・シャバショフさんやアレクサンドル・ステパノフさん、北大探検部の先輩の菊池俊彦・北大名誉教授のほか、中村和之・函館高専特任教授、佐々木史郎・国立民族学博物館名誉教授、北方探検史や日露関係史に詳しい歴史学者の秋月俊幸氏にもご指導をいただいた。

本書に掲載した数々の素晴らしい写真を撮影した北海道新聞写真部カメラマンの北波智史さん、石川崇子さん、藤井泰生さん、貴重な取材機会を与えてくれ、本書の写真掲載を許してしてくれた北海道新聞社と先輩、同僚記者の方々にも深く感謝したい。また、『ロシア極東 秘境を歩く 北千島・サハリン・オホーツク』（二〇一六年）に続く第二弾である本書を引き受けていただいた北海道大学出版会に、そして本を刊行するに当たり、貴重な助言をくださった同出版会相談役の竹中英俊さんにも感謝の言葉を述べたい。

二〇二〇年春

相原　秀起

参考文献、資料

◇歴史書・一般向け研究書・辞典・写真集など
『東韃地方紀行他』（間宮林蔵述、村上貞助編、洞富雄、谷澤尚一編注　平凡社東洋文庫）
『原本現代訳　東韃紀行』（間宮林蔵原著、大谷恒彦訳　教育社）
『人物叢書　間宮林蔵』（洞富雄　吉川弘文館）
『北方から来た交易民――絹と毛皮とサンタン人』（佐々木史郎　日本放送出版協会）
『日本北辺の探検と地図の歴史』（秋月俊幸　北海道大学図書刊行会）
『国際シンポジウム　間宮林蔵が見た世界　資料集』（「間宮林蔵の大陸の旅200年」実行委員会）
『東アジア内海世界の交流史　周縁地域における社会制度の形成』（加藤雄三・大西秀之・佐々木史郎編　人文書院）
『中世東アジアの周縁世界』（天野哲也、池田榮史、臼杵勲編　同成社）
『根室・千島歴史人名事典』（根室・千島歴史人名事典編集委員会編）
『写真集　懐かしの千島』（写真集懐かしの千島編纂委員会　国書刊行会）
『北海道の歴史がわかる本』（桑原真人、川上淳　亜璃西社）
『近世後期の奥蝦夷地史と日露関係』（川上淳　北海道出版企画センター）
『武四郎千島日誌　松浦武四郎――「三航蝦夷日誌」より』（榊原正文　北海道出版企画センター）
『訪ねてみたい　地図測量史跡』（山岡光治　古今書院）

『千島列島をめぐる日本とロシア』（秋月俊幸　北海道大学出版会）
『中世の東北アジアと考古学――奴児干永寧寺をめぐる東北アジアの文化交流と諸民族の動向』（研究代表者　菊池俊彦）
『増補改訳　ビキン川のほとりで――沿海州ウデヘ人の少年時代』（アレクサンドル・カンチュガ著、津曲敏郎訳　北海道大学出版会）
『北海道博物館第5回特別展　アイヌ語地名と北海道』（北海道博物館）
『伊能忠敬の歩いた日本』（渡辺一郎　ちくま新書）
『ロシア沿海地方　その後のビキン川流域とビキン国立公園　暫定版二〇一九年三月』（タイガフォーラム／一般財団法人　地球・人間環境フォーラム）
『北のことば　フィールド・ノート「18の言語と文化」』（津曲敏郎編　北海道大学図書刊行会）
『北東アジアの歴史と文化』（菊池俊彦編　北海道大学出版会）
『北方風土記　択捉島地名探索行』（鹿能辰雄　みやま書房）
『北の海の交易者たち――アイヌ民族の社会経済史』（上村英明　同文舘）
『一九世紀の国境策定と先住民――アムール、樺太、千島における日ロ中のせめぎあいの中で』（佐々木史郎　ゆまに書房）
『極寒のシベリアに生きる――トナカイと氷と先住民』（高倉浩樹編　新泉社）
『ある老学徒の手記――考古学とともに六十年』（鳥居龍蔵　朝日新聞社）
『間宮林蔵顕彰会だより第40号　測量師・間宮林蔵』（事務局・つくばみらい市教育委員会）
『日本幽囚記』（ゴロヴニン　井上満訳、岩波文庫）

『サンタン船　間宮海峡を航く』（稚内市間宮林蔵顕彰会）

◇ノンフィクション・小説・絵本など
『まぼろしのデレン――間宮林蔵の北方探検』（関屋敏隆　福音館書店）
『やまとゆきはら　大和雪原　白瀬南極探検隊』（関屋敏隆　福音館書店）
『蝦夷錦の来た道』（北海道新聞社編）
『千島縦断』（北海道新聞社編）
『新サハリン探検記――間宮林蔵の道を行く』（相原秀起　社会評論社）
『間宮林蔵』（吉村昭　講談社文庫）
『間宮林蔵・探検家一代――海峡発見と北方民族』（高橋大輔　中公新書ラクレ）
『間宮林蔵物語』（つくばみらい市教育委員会・間宮林蔵記念館）
『炎の海峡』（海老原一雄　新人物往来社）
『熱源』（川越宗一　文藝春秋）

相 原 秀 起（あいはら ひでき）

1962 年，横浜市に生まれる。北海道大学農学部卒。在学中は探検部に所属し，アフリカ，アジアを放浪。85 年北海道新聞社に入社。社会部，根室支局を経て，95 年からサハリン・ユジノサハリンスク支局駐在。2013 年から同紙連載「極東」を担当。現在，道新ぶんぶんクラブ事務局長。著作に『新サハリン探検記――間宮林蔵の道を行く』（社会評論社，1997 年），『ロシア極東　秘境を歩く――北千島・サハリン・オホーツク』（北海道大学出版会，2016 年），『一九四五　占守島の真実――少年戦車兵が見た最後の戦場』（PHP 研究所，2017 年），極東 DVD シリーズ『アムール川・間宮海峡を行く　林蔵の旅』（3 部作，風交舎・北海道新聞社，2016 年），『ANA857 便を奪還せよ――函館空港ハイジャック事件　15 時間の攻防』（柏艪舎，2019 年）などがある。

追跡 間宮林蔵探検ルート
――サハリン・アムール・択捉島へ

2020 年 4 月 24 日　第 1 刷発行

著　者　相 原 秀 起
発行者　櫻 井 義 秀

発行所　北海道大学出版会
札幌市北区北 9 条西 8 丁目 北海道大学構内（〒060-0809）
Tel. 011（747）2308・Fax. 011（736）8605・http://www.hup.gr.jp

㈱アイワード

ISBN978-4-8329-3406-1